W0073840

Die 20-Minuten Erziehung

Es ist Zeit, zu handeln – Kinder brauchen Werte!

Cartoons mit freundlicher Genehmigung von
Werner Tiki Küstenmacher und dem
Orgenda Verlag (simplify your life)

TAM edition

Bibliografische Information der Deutschen Nationalbibliothek

Die Deutsche Nationalbibliothek verzeichnet diese Publikation in der Deutschen Nationalbibliografie; detaillierte bibliografische Daten sind im Internet über http://dnb.d-nb.de abrufbar.

ISBN 978-3-9814762-0-0

Nachdruck, auch auszugsweise, verboten.
Kein Teil des Werkes darf ohne schriftliche Einwilligung des Verlages in irgendeiner Form (Fotokopie, Mikrofilm oder ein anderes Verfahren), auch nicht für Zwecke der Unterrichtsgestaltung, reproduziert oder unter Verwendung elektronischer Systeme verarbeitet, vervielfältigt oder verbreitet werden.

Verlag und Autor machen darauf aufmerksam, dass die im vorliegenden Buch genannten Namen, Marken und Produktbezeichnungen in der Regel namens- und markenrechtlichem Schutz unterliegen. Trotz größter Sorgfalt bei der Veröffentlichung können Fehler im Text nicht ausgeschlossen werden. Verlag und Autor übernehmen deshalb für fehlerhafte Angaben und deren Folgen keine Haftung. Sie sind dennoch dankbar für Verbesserungsvorschläge und Korrekturen.

www.20minuten-erziehung.de

Lektorat: concepts4u, München
Satz & Layout: Bora-dtp, München
Umschlaggestaltung: Vierthaler & Braun, München
Umschlagabbildung: TAMedition

Druck und Bindung: Westermann Druck Zwickau GmbH

Printed in Germany

Inhalt

Vorwort

Warum klappt das eigentlich nicht mit unseren Kindern? Eine Frage, die erfahrene Lehrer und Psychologen von anscheinend hoffnungslos überforderten Eltern ebenso oft hören müssen, wie sie in Zeitschriften und Ratgebersendungen gebetsmühlenartig wiederholt wird.

Ist der moderne Mensch unfähig, seinen Erziehungsauftrag wahrzunehmen und seine Kinder auf ein spannendes und ereignisreiches Erwachsenenleben vorzubereiten? Völlig falsch! – Das sagen wir, die Autoren dieses Trainingsprogramms, Dr. Helmut Fuchs und sein Sohn Frederic Merlin. Helmut Fuchs ist Wirtschaftspsychologe, Psychotherapeut und alleinerziehender Vater von vier Kindern. Frederic Merlin studiert Philosophie und Kommunikation in Rom und arbeitet als Trainee bei der TAM Trainer Akademie München. „Nicht unfähig, aber allein gelassen in seiner Verantwortung!", wäre vermutlich die passende Antwort auf diese Frage.

Was war naheliegender, als darüber nachzudenken, wie die eigenen, mehrfach prämierten und ausgezeichneten Übungs- und Trainingsprogramme für Manager, auch in der häuslichen Erziehung nutzenstiftend umgesetzt werden könnten.

Wer als Autor in der eigenen Familie die Wirksamkeit seines 20-Minuten-Programms durch eine strukturierte Werteerziehung umsetzt, rührt damit an einem Tabu. In vielen Ratgebern und Familien gilt eben immer noch die Betrachtung: „Erziehung ist schwer und ohne Druck geht gar nichts."

Wir sind dagegen überzeugt: Jede Familie, jeder alleinerziehende Vater oder jede alleinerziehende Mutter kann bereits mit 20 Minuten pro Woche auf die wert(e)volle Lebensgestaltung der Kinder einwirken. Nach dem Prinzip „Steter Tropfen höhlt den Stein" lässt sich das Familienleben entspannter, konfliktfreier und gleichzeitig spannender und erlebnisreicher gestalten.

Mit viel Humor, provokanten Denkanstößen und ermutigenden Anleitungen bietet das 20-Minuten-Programm eine permanente Informations- und Entwicklungschance für Erzieher und Kinder.

Einfacher geht es kaum!

Und in Kombination mit dem Leitspruch von Kierkegaard: „Erziehung ist Liebe und Vorbild" und der Grundformel des Adlerschülers Dreikurs „Kinder brauchen Regeln!" bietet der 20-Minuten-Baukasten eine einfach umzusetzende Erziehungs-Grundstruktur für ein wertvolles Heranwachsen.

Mit dem 20-Minuten-Programm haben Sie ein wirkungsvolles und mächtiges Werkzeug in der Hand, völlig ideologiefrei und ohne sektiererischen Druck die Heranwachsenden auf ein „wert(e)volles" Leben vorzubereiten – und gleichzeitig die Familienzeit deutlich zu entspannen.

Es ist Zeit zum Handeln

Folgen wir den zahlreichen Erziehungsratgebern, dann sind entweder die Eltern die Bösewichte, die im turbulenten Alltag beim Verfolgen des schnöden Mammons und lustbetonter Ziele für eine vernünftige Erziehung keine Zeit mehr haben. Oder es sind die „kleinen Tyrannen", die anscheinend nur eins im Sinn haben: die Eltern oder Bezugspersonen am Lebensgenuss zu hindern. Niemand sagt uns, wie Erziehung geht, doch meinen wir alle intuitiv zu wissen, wie man erzieht. Es stellt sich die Frage, welche Erziehung die „richtige" ist und ob es diese überhaupt gibt.

In den letzten Jahren haben Pädagogen, Psychologen und Autoren viel dazu beigetragen, diese Wissenslücke zu füllen, stets berücksichtigend, dass Kinder Einzelmenschen mit eigenen Emotionen, Ideen und Gefühlen sind. Es wurde viel über die emotionale und psychologische Gesundheit von Kindern und ihren Familien geschrieben. Stets ging es um Zentralthemen wie etwa, dass Eltern die Gefühle ihrer Kinder oftmals nicht ernst nehmen. Es ging um die Wiedergewinnung des elterlichen Einflusses, die Wiederherstellung des Familienfriedens, die richtige Art und Weise, mit Kindern zu sprechen. Man wollte Kindern das Zuhören beibringen und selber, als Elternteil, lernen, den Kindern richtig zuzuhören. Was im Allgemeinen noch nicht behandelt wurde, ist die Frage, wie Eltern den Wertebedürfnissen ihrer Kinder gerecht werden können und ihnen das mit auf den Weg geben, was sie zugegebenermaßen selbst oft nicht mehr zusammenbringen können: einen gelungenen Lebensentwurf.

Die 20-Minuten-Erziehung gehört zu einer Initiative der Akademie der Lebenskunst. Sie ist ein Leitfaden für Eltern oder Elternteile und hilft Kindern Werte und Tugenden näherzubringen, die ihnen Orientierung und Grenzen in einer entgrenzten Zeit bieten.

Dieses Handbuch bietet einfache und leicht nachvollziehbare Prinzipien zur Förderung der Werteentwicklung Ihres Kindes. Es ist ein Wegweiser, wie Sie das Beste in jedem Kind zum Vorschein bringen können. Jeder Moment, den Sie mit Ihren Kindern verbringen, ist kostbar und bietet neue Möglichkeiten, ihnen Werte zu vermitteln, und zwar dann, wenn sie lernbereit und aufnahmefähig sind.

Das 20-Minuten-Programm gibt der Werteerziehung einen Rahmen und ermöglicht es, diese kurzen Zeitspannen voll auszunutzen und den Kindern Denk- und Handlungsanstöße zu liefern.

Elternsein ist komplex und oftmals nicht einfach. Eltern sind für so vieles verantwortlich: das körperliche Wohlbefinden, für Liebe, Schutz und Freude, Ermutigung, Berichtigung und Lehren. Kinder haben eine unsichtbare Sehnsucht nach Orientierung, nach Regeln, nach Ritualen, Grenzen und Tabus. Jeder Mensch benötigt Nahrung, Luft, Licht und Wärme, doch vor allem Kinder benötigen geistige Herausforderungen, an denen sie wachsen können.

Das 20-Minuten-Programm wurde so konzipiert, dass es Ihnen als Eltern dabei helfen wird, sich bewusst und geschickt um die wirklichen Bedürfnisse Ihrer Kinder zu kümmern. So verlieren Sie keine Zeit und Sie verschwenden keine kostbaren Momente, in denen Sie Ihrem Kind zum persönlichen Wachstum verhelfen könnten.

Obwohl das Programm für den eigenen, unabhängigen Gebrauch gedacht ist, beinhaltet das 20-Minuten-Programm auch Lehrgänge für Eltern, die mit ihren Kindern die 20-Minuten-Sitzungen erfolgreich durchführen wollen. Diese Lehrgänge verwenden das Handbuch als Grundlage für die Professionalisierungsbausteine. Anwendungslehrgänge werden von der Akademie der Lebenskunst angeboten.

Studien zeigen, dass glücklicherweise immer mehr Eltern bereit sind, sich der Herausforderung einer gelungenen Werteerziehung zu stellen und auf der Suche sind nach passenden Werkzeugen und Modellen für den Alltagsbedarf.

Heute werden Eltern oder Erzieher nur selten grundlegend auf ihre Aufgabe vorbereitet. Der beiläufige Lerneffekt, oft aus der eigenen Erziehung abgeleitet, war früher vielleicht noch gültig, muss aber heute nicht zwangsläufig mehr passen. Platz für Werteerziehung oder sogar Zeit, sich ausführlich mit Werten und Tugenden zu beschäftigen ist jedoch kaum noch vorhanden. Was kann man dagegen tun?

Allmählich wird uns bewusst, wie sehr wir mit der Suche und dem Streben nach absoluter Freiheit auch vieles über Bord gekippt haben, was für einen gelungenen Lebensentwurf substanziell wichtig ist. Befreit von allen Grenzen, Tabus, Ritualen, Regeln und Verpflichtungen spüren wir die Freiheit von etwas, wissen aber nichts darüber, was wir mit dieser Freiheit anfangen sollen... Wir müssen nun selbst die Initiative ergreifen, selbstständig handeln und die persönliche Verantwortung übernehmen, um den Schaden wiedergutzumachen – und genau darauf ist niemand vorbereitet. Es ist wichtig, dass wir uns diese Erfahrung bewusst machen und dieses Wissen an unsere Kinder weitergeben, bevor das hektische Jahrhundert seine Spuren in ihnen hinterlässt.

Das 20-Minuten-Programm ist eine Modellperspektive für Eltern, die Tugend- und Charakterbildung in das Leben ihrer Kinder bringen wollen. Die Welt braucht diese Menschen: Menschen, die bereit sind, Werte zu leben und die persönliche Verantwortung zu übernehmen. Geben wir uns und unserer Zukunft eine Chance und kümmern wir uns um die Werteerziehung unserer Kinder.

Wichtiger Hinweis

Dieses Buch ist kein Erziehungsratgeber im herkömmlichen Sinne. Da sind Sie als Leser bei Jesper Juul viel besser aufgehoben. Dieses Buch ist auch keine neue theoretische Aufarbeitung der wissenschaftlichen Wertediskussion. Da sind Sie als Leser – zumindest was Erziehung betrifft – bei Hartmut von Hentig besser aufgehoben. Dieses Buch ist eine praktische Anleitung für Eltern, Alleinerziehende und Erziehungsprofis zum Thema Werteerziehung im Alltag. Aus der Praxis – für die Praxis.

Nichts passiert im Normalfall von alleine, und um dem allgemeinen Wehklagen über die mangelnde Werteorientierung oder sogar dem Werteverfall unserer Kinder effektiv entgegenzuwirken, ist es hilfreich, dieses Buch als Werkzeug und auch als Denk- und Handlungsanstoß zu sehen.

Um die 20-Minuten-Erziehung in der Praxis umzusetzen vermittelt dieses Buch die wichtigsten Prinzipien in *drei Schritten*: *Schritt 1* bietet mit der Theorie der 20-Minuten-Erziehung den Einstieg in die Grundlagen. *Schritt 2* zeigt, wie die 20-Minuten-Erziehung in der Praxis umgesetzt werden kann. Schließlich analysiert *Schritt 3* die Werte und Tugenden in der Einzelbetrachtung.

Diese drei Schritte werden ganz bewusst von uns – den Autoren – stilistisch unterschiedlich aufgebaut. Der Theorieteil fordert den Leser zum Nachdenken auf, der Praxisteil bietet konkrete Handlungsanleitungen. So ergeben Theorie und Praxis letzlich gemeinsam ein einheitliches Bild, wie es auch in der 20-Minuten-Erziehung das Ziel ist.

Wir wünschen Ihnen viel Spaß beim Lesen und viel Erfolg beim Umsetzen!

Helmut Fuchs
Frederic Merlin Fuchs

Schritt 1

Die Theorie der 20-Minuten-Erziehung

„Unsere Jugend ist heruntergekommen und zuchtlos. Die jungen Leute hören nicht mehr auf ihre Eltern. Das Ende ist nahe."

Keilschrift aus Ur in Chaldäa, ca. 2000 v. Chr.

Die Grundlagen der Positiven Psychologie

Immer wieder erleben wir, dass bei unseren Vorträgen oder Seminaren bei der Erwähnung der Wurzeln der 20-Minuten-Erziehung die Teilnehmer oder Zuhörer abwinken und bemerken, dass die Positive Psychologie doch ein alter Hut wäre und die Unwirksamkeit der Aussagen von Norman Vincent Peale (oder seinen Jüngern) doch längst bewiesen wäre. Hier liegt eine Verwechslung vor.

Die „Positive Psychologie" ist kein Schnellkurs in positivem Denken. Die Großen der Weltgeschichte – wenn sie auch im Umgang meist nicht unproblematisch waren – besaßen meist etwas, das der Volksmund gerne auch „Charakter" nennt.

Wir kennen aus der Literatur das „Da-Vinci-Prinzip", das „Napoleon-Prinzip" oder das „Churchill-Prinzip". In diesen Büchern wird meist darauf hingewiesen, dass der jeweilige unverwechselbare Charakter beziehungsweise die jeweilige Persönlichkeit maßgeblich zum Erfolg beigetragen hat.

Die in den letzten Jahrzehnten längst durch sogenannte „Soft Skills" (Sozialkompetenz) abgelösten Begriffe „Charakter" und „Persönlichkeit" erfahren nun eine Renaissance durch die Diskussionen über Charakter und Tugenden im Forschungsgebiet der Positiven Psychologie. Die noch junge Wissenschaft hat sich zum Ziel gesetzt, die Stärken und Ressourcen von Menschen zu fördern und in empirischen Forschungen nachzuweisen, wie der Charakter eines Menschen Erfolg und Zufriedenheit im Leben beeinflusst.

Am Psychologischen Institut der Universität Zürich befindet sich eines der Zentren der Positiven Psychologie in Europa. Eine neue Studie innerhalb der Fachrichtung „Persönlichkeitspsychologie und Diagnostik“ versucht erstmals, einen kausalen Zusammenhang zwischen bestimmten Charakterstärken und der Lebens- und Arbeitszufriedenheit herzustellen.

Die Positive Psychologie ist in der Psychologie eine relativ junge Teildisziplin, die jedoch tiefe Wurzeln hat. Formell begründet wurde sie 1998 durch Prof. Martin Seligman, den damaligen Präsidenten der international bedeutenden American Psychological Association (APA). Die Positive Psychologie beschäftigt sich mit den psychologischen Fragen des Lebens (die es lebenswerter machen), mit den Stärken und Ressourcen des Menschen und deren Förderung im täglichen Miteinander. In der psychologischen Diagnostik findet sich dieser Ansatz schon seit Längerem in Begriffen wie Potenzialentwicklung oder HRM Human Ressource Management.

Das Paradigma der Positiven Psychologie steht im Kontrast zu eher konflikt- oder defizitorientierten Ansätzen, wie sie in der Psychologie und speziell in der Diagnostik traditionell vorherrschten. Myers (2000) wies auf die interessante Tatsache hin, dass in der psychologischen Literatur der letzten 30 Jahre 46.000 Artikel über Depressionen und gerade einmal 400 über Freude zu finden sind. Eine Erklärung für dieses Ungleichgewicht finden wir in unserer politischen Vergangenheit. Die Psychologie hat sich seit dem Zweiten Weltkrieg und im Kontext dieses Ereignisses hauptsächlich und nachvollziehbar mit den negativen Aspekten menschlichen Daseins (Ängste, Depressionen, Ärger, Phobien, Burn-out, Bossing) beschäftigt. Vernachlässigt wurde, dass auch positive Aspekte wie Flow, Stärke, Wachstum, Lebensfreude, Glück oder Kreativität zum Leben gehören und damit wissenschaftlich berücksichtigt werden müssen. So ist Seligman (2000) überzeugt, dass nicht ein Krankheitsmodell zentral für die Prävention von mentaler Krankheit ist, sondern die Berücksichtigung und Förderung von menschlichen Stärken. Optimismus, Verantwortung oder Authentizität können wichtige Puffer gegen psychische Krankheiten sein, wie der junge Zweig der Psycho-Neuro-Immunologie (PNI)-Forschung belegt.

„Wir können heute mit empirischen Methoden nachweisen, dass bestimmte Charakterstärken wesentlich dazu beitragen, dass Menschen mit ihrem Leben, aber auch mit ihrer Arbeit, mit den Arbeitsbedingungen und ihrem -ertrag zufrieden sind", erzählte der Leiter des Instituts, Prof. Dr. Willibald Ruch uns im persönlichen Gespräch. Doch nicht jede Charakterstärke trage gleichermaßen zum gelungenen Leben bei. In einer Studie, bei der die Charaktereigenschaften von 300 Schweizern – Führungskräften und ihren Mitarbeitern – untersucht wurden, stellte sich heraus, dass sich die Chefs vor allem in ihren Stärken Führungsvermögen, Tapferkeit und Urteilsvermögen, aber auch Neugier, Weisheit, Ausdauer, Authentizität, Enthusiasmus und soziale Intelligenz von ihren Mitarbeitern unterscheiden.

Der Positiven Psychologie liegt ein Menschenbild zugrunde, das auch die philosophischen Anleitungen zur Lebenskunst von Marc Aurel, Seneca oder Epikur bestimmt und das wir in langen Gesprächen mit dem Lebenskunst-Philosophen Wilhelm Schmid aktuell wiedergefunden haben. Die antike Philosophie stand innerhalb der Positiven Psychologie Pate für die Entwicklung des Konzepts der drei Lebensstile: Dem amerikanischen Forscher Ed Diener gelang es, nachzuweisen, dass Menschen am zufriedensten sind, wenn sie die Bereiche „engaged life" (Verwirklichung des eigenen Potenzials), „meaningful life" (Sinnsuche, Teil eines Ganzen sein) und „pleasant life" (Vergnügen) sinnvoll kultivieren.

Wie ein Artikel im Deutschen Ärzteblatt nachweist, ist die Positive Psychologie bislang für manche eher ein Oberbegriff, unter dem verschiedene theoretische Blickwinkel und methodische Ansätze wie Motive, Charakter, Tugenden, Glück, Flow (das vollständige Aufgehen in einer Aufgabe), Selbstwirksamkeit, Ressourcen und andere zusammengefasst werden. Die Grundlagen wurden aber schnell von der Organisationsforschung und Personalentwicklung aufgegriffen und werden zukünftig sicher auch in der Erziehung eine besondere Bedeutung erhalten.

Die akademische Psychologie besinnt sich also wieder auf ihre Geschichte und ihre alte Königsdisziplin.

Und sie geht davon aus, „dass der gute Charakter kultivierbar, Charakterstärken also veränderbar sind", wie Willibald Ruch betont. Könnte es den Forschern gelingen, nachzuweisen, dass das Training bestimmter Charakterstärken einen empirisch messbaren Einfluss auf die Lebens- und Arbeitszufriedenheit hat, hätte dies Auswirkungen auf den Weiterbildungsmarkt oder die zahlreichen Coachingprogramme zum Persönlichkeitstraining. Viele Programme würden sich dort noch zu sehr auf wenige Stärken konzentrieren oder seien nicht individuell genug, so Ruch.

Die Positive Psychologie beschäftigt sich mit drei Fragestellungen:

1. Sie fokussiert auf die Ebene des positiven Erlebens. Dazu zählen positive Gefühle, Wohlbefinden, Glück, Flow, Hoffnung oder Arbeits- und Lebenszufriedenheit.
2. Positive Eigenschaften rücken in den Vordergrund. In welchen Bereichen können sich Menschen mit ihren besonderen Eigenschaften entwickeln, aufblühen und sich von ihrer besten Seite zeigen? Mit solchen Fragen rücken der Charakter und die Tugenden wieder in den Blick der Psychologie.

3. Positive Institutionen sind ein Gegenstand der Forschung. Hier wird etwa untersucht, was Institutionen auszeichnet, die Wachstum erlauben.

Alle diese Aspekte müssen noch erforscht werden. So ist eine Klassifikation von Charakterstärken und Tugenden zu erstellen. Zudem muss positives Erleben genauer als bisher analysiert werden. Ferner stellt sich die Frage nach Interventionen und Bedingungen, die Veränderung von einer nur leidfreien Existenz hin zu einer sinnerfüllten Befindlichkeit ermöglichen. Die Positive Psychologie fragt: Wie sehen die psychologischen Bedingungen für ein „gutes Leben aus?"

Die Theorie der 20-Minuten-Erziehung steht auf dem Fundament der Wertetheorie der Positiven Psychologie und die Auswahl der Tugenden ist eng angelehnt an die Klassifikation nach Seligmann/Ruch.

Die neurowissenschaftlichen Rahmenbedingungen

Wie wir alle vermuten, findet Lernen vorwiegend im Kopf statt. Was der Magen für die Verdauung, die Beine für die Bewegung oder die Augen für das Sehen sind, das ist das Gehirn für das Lernen. Daher sind die Ergebnisse der Neurowissenschaften für das Lernen und die Psychologie so wichtig wie die Molekularforschung für die Medizin. Gerade die Wirkung und Bedeutung der wissenschaftlichen Erkenntnisse hat den Neurowissenschaftler und Lernforscher Manfred Spitzer zu einem Plädoyer gegen Vorurteile veranlasst: Schüler sind nicht dumm, Lehrer sind nicht faul und unsere Schulen sind nicht kaputt.

„Aber irgendetwas stimmt nicht", meint der Experte. Träumen wir nicht alle immer noch vom Nürnberger Trichter, der uns ein müheloses Lernen verheißt, uns alles eintrichtert, was wir hören?

Aber was wäre, wenn unser Gehirn tatsächlich alles so aufnehmen würde wie der Nürnberger Trichter, wenn auch aller Unsinn, den wir hören, gelernt würde? Was wäre, wenn wir Fremdsprachen im hohen Alter so leicht lernen würden, wie wir als Kinder die Muttersprache lernen? Und warum ist es gar nicht zu bewerkstelligen, Lernen aus dem Leben zu verbannen? Und wenn Lernen unvermeidlich ist, gibt es dann so etwas wie eine Gebrauchsanleitung zur Lernmaschine in unserem Kopf?

Aber lassen sie uns nach den Gesetzen der jüngeren Erkenntnisse diese Lernerfahrung anstoßen – metaphorisch.

Wie essen Sie chinesisches Essen? Mit Stäbchen oder deutsch-traditionell mit der Gabel?

Wahrscheinlich eher mit dem deutschen Besteck auf einem flachen Teller. Warum? Nun, weil es einfach leichter und schneller geht und den meisten Menschen auch eine Negativerfahrung im Kopf geblieben ist: Sie haben es probiert und es hat sich als sehr schwierig herausgestellt. Warum lernen Kleinkinder in China dies aber anscheinend spielerisch und in kürzester Zeit? Hat das etwa genetische Gründe? Die Antwort auf diese Fragen führt uns zur jüngeren Disziplin der Neurowissenschaften und im Speziellen zur Neuropsychologie, in der eine der spannendsten Entdeckungen der Hirnforschung interessante Anstöße und Erklärungen für die Wirksamkeit unseres Trainingsprogramms bereitstellt.

Beginnen wir mit drei Fallbeispielen:

Erstes Beispiel: Eine Mutter wünscht sich sehr, dass ihr Ältester mit seinen 13 Jahren endlich sein Zimmer ordentlich aufräumt und auch ansonsten nicht so viel herumliegen lässt. Sie überzeugt ihren Lebensgefährten und sich selbst, akribisch auf Ordnung zu achten, damit der Junge das richtige Vorbild hat. Reicht das aus, um ihren Sohn zur Ordnung zu erziehen?

Zweites Beispiel: Zwei kleinere Jungen werden von ihren Müttern zum Tenniskurs angemeldet. Der eine nimmt den Schläger und schlägt innerhalb kürzester Zeit bereits die ersten Bälle über das Netz. Der andere Junge braucht wochenlang, um den Ball überhaupt zu treffen. Warum?

Drittes Beispiel: Kennen Sie den Typ Rebell, der als junger Aufsässiger seit seiner Schulzeit gegen diktatorische Lehrer und Chefs kämpft und eines Tages genau die Art von selbstherrlichem Chef wird, die er immer abgelehnt hat? Besonders pikant ist die Tatsache, dass er der Einzige zu sein scheint, der das nicht bemerkt.

Ein Kind also sieht den Eltern jahrelang dabei zu, wenn sie beim Chinesen essen gehen. Irgendwann klappt es mit der Feinmotorik beim „normalen" Essen und die Eltern wagen den Versuch, beim nächsten Besuch im China-Restaurant ihrem Sprössling die Stäbchen anzuvertrauen.

Kaum ist der Versuch gestartet, lernt das Kind, zur großen Überraschung der Eltern, in kürzester Zeit und mit erstaunlicher Virtuosität mit Stäbchen zu essen, und zwar genauso, wie die Eltern auch die Stäbchen halten und die Schale benutzen. Beim Zuschauen wurden nämlich bestimmte Gruppen von „Stäbchen-Neuronen" im Gehirn aktiviert. Ihre genaue Bezeichnung lautet Resonanz- oder Spiegelneurone, weil sie das wahrgenommene Verhalten imitieren. Sie werden erstens besonders aktiv, wenn wir anderen Menschen zusehen, wie diese mit Stäbchen essen; wenn wir zweitens selbst aktiv werden und den beobachteten Vorgang nachahmen und wenn wir drittens uns vorstellen, dass jemand mit Stäbchen essen würde. Auch das reicht schon aus, um unsere „Stäbchen-" oder Spiegelneuronen zum „Feuern" zu bringen.

Was sind das aber nun für spektakuläre Erkenntnisse über Spiegelneuronen, die aus den Neurowissenschaften langsam in die Geisteswissenschaften und in unser Verständnis von Lernen diffundieren?

Wir verdanken diese Erkenntnis einem Zufall, der sich 1995 in Italien, im Labor von Giacomo Rizzolatti und Vittorio Gallese in Parma ereignete.

Spiegelneuronen sind Nervenzellen, die im Gehirn während der Betrachtung eines Vorgangs die gleichen Potenziale auslösen, wie sie entstünden, wenn dieser Vorgang nicht bloß (passiv) betrachtet, sondern (aktiv) gestaltet würde.

Von dem Italiener Giacomo Rizzolatti und seinen Mitarbeitern bei Affen im Tierversuch entdeckt, startet diese Erkenntnis gerade ihren Siegeszug in die unterschiedlichsten Teildisziplinen der Wissenschaft. In diesen Untersuchungen fiel auf, dass Neuronen im Feld F5c des Großhirns dann reagierten, wenn zielmotorische Hand-Objekt-Interaktionen durchgeführt oder bei anderen, zumindest anatomisch ähnlichen lebenden Individuen beobachtet wurden.

Man nimmt mittlerweile ein ganzes System von Spiegelneuronen an, die unser Verhalten beeinflussen. In den letzten Jahren hat diese Entdeckung viel Aufsehen erregt, weil diskutiert wird, ob mit den Spiegelzellen der Schlüssel für das Verständnis von Empathie, Sprache, Intuition und darüber hinaus für die Kultur gefunden wurde. – Eine Kultur der Werteorientierung zum Beispiel – ein erklärtes Ziel der 20-Minuten-Erziehung.

Zu den wohl bedeutendsten Ergebnissen der modernen Neurobiologie und Neuropsychologie gehört die Erkenntnis, dass Erfahrungen, die wir mit anderen Menschen machen, biologische Prozesse beeinflussen und dass sie – hier entstand der Begriff der Neuroplastizität – sowohl den Stoffwechsel als auch die neuronale Architektur unseres Gehirns verändern können. Eine heitere und konstruktive Lebensgrundhaltung als Grundvoraussetzung für ein erfolgreiches Leben ist also demnach ebenso lernbar wie alle Werte der 20-Minuten-Erziehung für eine hohe soziale Kompetenz.

Wurde psychisches Erleben über mehrere Jahrzehnte hinweg in erster Linie als eine Folge biologischer Ursachen betrachtet, wurde nun in den letzten Jahren – und zwar aufgrund neurobiologischer Studien – deutlich, dass auch der umgekehrte Weg möglich ist, nämlich dass zwischenmenschliche Beziehungen nicht nur auf die psychische Befindlichkeit, sondern auch auf die Biologie des Gehirns entscheidenden Einfluss haben: Erfahrungen beeinflussen neuronale Schaltkreise (siehe dazu: Bauer, 2004).

Netzwerke von miteinander verschalteten Nervenzellen kodieren neuropsychologische und psychische Funktionen. Diese Musterverdrahtungen sind vermutlich nicht nur das Ergebnis unseres eigenen Erlebens und Handelns, sondern repräsentieren in uns zugleich die umgebende Welt samt der in ihr gemachten Erfahrungen. Diese Verdrahtungen unterliegen abhängig von den gemachten Erfahrungen einer kontinuierlichen Umstrukturierung. Dies bedeutet: Die neurobiologische Basis unserer Werteorientierung unterliegt einem permanenten Wandel – sie ist abhängig von dem, was uns widerfährt, was wir erleben, und insbesondere auch abhängig davon, was wir selbst tun.

Wollen wir dem Siegeszug der 20-Minuten-Erziehung den Weg bereiten und dem Kampf gegen Werteverfall die nötige Durchschlagskraft verleihen, so müssen wir – ganz neuropsychologisch auf dem neuesten Stand – unsere Verantwortung als Vorbilder in den Rollen als Ehemann oder -frau, Freund oder Freundin, Vorgesetzter, Chef, Dienstleister, Vater, Erzieher, Lehrer, Taxifahrer, Vorstand usw. sehr sehr ernst nehmen und neu definieren. Denn unser Verhalten, unsere emotionalen Ansprachen, unser Unterrichten und Führen von Menschen legen den Grundstein für eine ansteigende Welle einer werteorientierten Lebensführung. Sie sind eine unabdingbare Voraussetzung für die Mobilisierung unserer intuitiven Fähigkeiten, die richtigen Werte am richtigen Platz zu entfalten.

Die Frage, wer dazu im Gehirn was macht, ist – wie Prof. Bauer von der Uni Freiburg vermittelt – mittlerweile weitgehend geklärt.

Die Neurobiologie von intuitivem Verstehen, Empathie und dem verhaltenssteuernden impliziten Wissensspeicher, diese vielleicht letzte große Frage der Hirnforschung, scheint kurz vor ihrer Aufklärung zu stehen. Grund ist die Entdeckung der besagten Spiegelnervenzellen. Spiegelneurone konnten mittlerweile in allen Zentren des Gehirns nachgewiesen werden, in denen Erleben und Verhalten gesteuert werden. Zuerst entdeckt man sie dort, wo zielgerichtete Handlungen geplant und gesteuert werden (in der unteren prämotorischen Hirnrinde).

Die bereits erwähnte Arbeitsgruppe von Giacomo Rizzolatti von der Universität Parma beschäftigte sich in Tierstudien (Affen) mit Zellen, die bei spezifischen zielgerichteten Handlungen aktiv werden. Eine der vielen von den Forschern mit feinsten Messfühlern versehenen Nervenzellen „feuerte" zum Beispiel nur dann, wenn der Affe nach einer auf einem Tablett liegenden Nuss griff. Was Rizzolatti 1996 entdeckte: Das handlungssteuernde Neuron feuerte nicht nur, wenn das Tier die Handlung selbst ausführte, sondern auch dann, wenn der Affe zusah, wie einer der Experimentatoren nach der Nuss griff. Nervenzellen dieser Art wurden von Rizzolatti als Spiegelzellen bezeichnet (im Englischen werden sie „Mirror Neurons" genannt).

Spiegelzellen gibt es, wie zahlreiche Untersuchungen inzwischen zeigen konnten, nicht nur in den handlungssteuernden Netzwerken der prämotorischen Hirnrinde. Sie lassen sich überdies nicht nur beim Affen, sondern auch beim Menschen nachweisen. Wenn ein Mensch zuschaut, wie jemand anders eine zielgerichtete Aktion ausführt, kommt es im Beobachter zu einer Mitaktivierung prämotorischer

Nervenzellen, jener Neurone, die in der Lage wären, die beobachtete Handlung selbst zu veranlassen.

Anscheinend werden diese Spiegelnervenzellen bereits schon dann aktiv, wenn ausreichende Hinweise vorliegen, worauf eine gerade gestartete beobachtete Aktion hinauslaufen wird. Daher vermitteln Spiegelzellen dem Beobachter einen schnellen, spontanen und vorausschauenden – also intuitiven – Eindruck davon, was ein anderer Mensch vorhat. Spiegelneurone fahren im miterlebenden Beobachter also nicht nur ein inneres Simulationsprogramm ab, sondern sie informieren ihn auch über den wahrscheinlichen Ausgang einer Handlungssequenz. Spiegelzellen ermöglichen uns, das Handeln eines anderen Menschen intuitiv und ohne langes Nachdenken zu verstehen. Aber nicht nur das: Sie verhelfen uns auch zu emphatischen Empfindungen. Zum Beispiel zur intuitiven Auslösung einer zielführenden inneren Heiterkeit.

Prof. Bauer beschreibt eine für unsere Zielsetzung wichtige Eigenschaft der Spiegelzellen deutlich: Sie ermöglichen uns nicht nur, das Erleben oder Verhalten eines anderen Menschen zu verstehen, sondern sie haben darüber hinaus eine Tendenz, im Beobachter das wirksam werden zu lassen, was er sieht. Zusehen zu müssen, wie sich jemand anders aus Versehen einen größeren Holzspreißel unter den Fingernagel stößt, kommt dem Gefühl sehr nahe, welches sich auch dann eingestellt hätte, wenn wir selbst der Unglücksrabe gewesen wären.

Zusehen zu dürfen, wie Vater und Mutter oder der direkte Vorgesetzte eine heikle Lebenssituation meistern, löst Handlungsimpulse und Nachahmung in die gleiche Richtung aus.

Spiegelneurone, sagt Bauer, begünstigen eine – meist unbewusste beziehungsweise spontane – Imitationstendenz. Beim Kleinkind zeigt sich diese Tendenz noch ganz ungebremst. Dass wir bereits bei der Geburt eine Grundausstattung von Spiegelzellen haben, ergibt sich aus bereits vor Jahren durchgeführten Untersuchungen von Andrew Meltzoff sowie von Mechthild und Hanus Papousek. Sie konnten zeigen, dass Säuglinge schon kurz nach der Geburt in der Lage sind, bestimmte Gesichtsausdrücke zu imitieren. Diese Beobachtungen zeigen die Bedeutung von Spiegelneuronen: Sie sind das neuronale Format für eine frühe, basale Form der Kommunikation und wechselseitige soziale Einstimmung, ohne die es für Säuglinge keinen Zugang zur Welt und später kein intuitives Gefühl der zwischenmenschlichen Verbundenheit geben könnte.

Die Grundtendenz, gesehenes Verhalten nachzubilden, bleibt bei uns Erwachsenen erhalten, wenn meist auch in einer weniger auffälligen Ausformung. Aber auch wir Erwachsene imitieren unbewusst Gesichtszüge, Stimmungen und Körperhaltungen unseres Gegenübers. Spiegelneurone helfen, anders mit der Welt zu kommunizieren, wenn wir beobachten können, wie andere dies erfolgreich ausführen

Das bei der Geburt vorhandene, zur genetischen Grundausstattung gehörende „Starterkit“ an Spiegelneuronen bedeutet keinesfalls, dass wir – in unserer Zielsetzung – über eine angeborene Fähigkeit zur Nutzung unserer intuitiven Fähigkeiten verfügen. Auch hier gilt die neurobiologische Grundregel „Use it or lose it“. Neuronale Schaltkreise müssen benutzt werden, um aktiv zu bleiben. Erschwerend kommt hinzu, dass anscheinend Angst auslösende Reize und andauernder Stress die Funktion der Spiegelzellen löschen können. Dies bedeutet, dass Säuglinge und Kleinkinder empathische Zuwendung und in unserem Falle eine heitere Anteilnahme erleben müssen, um ihre Spiegelsysteme entwickeln zu können. Die vorgelebten Programme, die das Kind bei seinen Bezugspersonen beobachtet und erlebt, sind jedoch vermutlich nicht nur ein „Trainingsprogramm“ für frühzeitige Wurzeln einer gelungenen Soziabilität sondern haben auch Einfluss auf die Entwicklung der Empathie- und Intuitionsfähigkeit des Kindes. Sie leisten vermutlich frühzeitig einen beachtlichen Beitrag zur Selbst- und Identitätsbildung des heranwachsenden Kindes.

Eine angemessene und werteorientierte Lebensgrundhaltung, wie wir sie als Ziel der 20-Minuten-Erziehung fordern und fördern, wird in der Psychotherapie auch „emotionale Resonanzfähigkeit“ genannt. Sie muss in der 20-Minuten-Erziehung „nur“ noch systematisch durch vorbildliche und übende Prozesse im familiären Rahmen angeregt werden, um erfolgreich zu sein.

Die Spiegelneuronen sind also die neurophysiologische Grundlage für die 20-Minuten-Erziehung, wenn es darum geht, die gelernten und geübten Werte zu stabilisieren und als festes Gerüst in das individuelle Verhalten einzubauen.

So geht man heute davon aus, dass Jugendliche, die in Konflikten immer sofort zuschlagen, viele Gemütszustände zwischen ruhig und aggressiv gar nicht kennen, wenn sie aus Elternhäusern kommen, in denen ein extrem sparsames emotionales Umfeld geboten wird. Sie können zum Beispiel auf Fotos nicht oder schlechter als andere erkennen, ob jemand sich freut oder nicht.

Besonders diese Erkenntnis zeigt die enorme Bedeutung der 20-Minuten-Erziehung bei der Verhinderung von Gewalteskalation, wie sie in der Münchner U-Bahn oder in Hamburg und Berlin gerade bei Jugendlichen zu beobachten war.

Die im Zusammenhang mit den Spiegelneuronen gemachten Entdeckungen liefern den neurophysiologischen Beweis dafür, dass Gedanken physiologische, also materielle Wirkungen erzeugen (was man lange bestritten hat). Diese neuen Befunde erklären nicht nur, warum etwa im Leistungssport Mentaltraining funktioniert, sondern sie helfen uns auch, die eingangs vorgestellten Beispiele zu verstehen.

Beginnen wir mit dem Jungen, dessen Mutter ihn zu mehr Ordnung anhalten möchte. Wird sie erfolgreich sein, wenn er die Erwachsenen regelmäßig beim Ordnunghalten beobachtet? Die Kollegin Vera F. Birkenbihl berichtet über dieses Phänomen und beschreibt es als Zeitbombe: Die Mutter hat zuerst nichts von ihrer Vorbildstrategie, denn den pubertierenden Jungen interessieren viel mehr, was die Freunde und Nachbarjungen tun, als die Eltern. Aber wenn er das Alter erreicht haben wird, in dem die Eltern sich heute befinden, dann wird es sehr wichtig sein, welches Vorbild er damals hatte. Im Klartext: Wir können von Spiegelneuronen unterstützte Lernprozesse in drei Kategorien unterteilen. Zum einen können sie sofort oder wenigstens bald wirken. Dann nämlich, wenn wir eine einfache neue Tätigkeit lernen wollen, was über Zuschauen, Mitmachen, Nachmachen am leichtesten fällt.

Zweitens wirken Spiegelneurone über einen längeren Zeitraum: Hier finden wir den tennisspielenden Jungen wieder, der seit einigen Jahren immer mit auf dem Tennisplatz und im „Club“ gewesen ist und sehnsüchtig darauf gewartet hat, selbst spielen zu dürfen. Er legt einen Großteil der Spiegelneuronen für Tennisspielen an, noch bevor er den ersten Schläger in der Hand hält. In diese Kategorie gehören aber auch unsere „Stäbchen-Neuronen“, die den Lernprozess im China-Restaurant als Kind so erleichtert haben.

Letztlich lernen wir mit Spiegelneuronen auch manche Dinge quasi „auf Vorrat“. Unsere neuronalen Systeme speichern die Erlebnisse und Beobachtungen für die Zukunft.

So können die Speicherungen unterschiedlich gekoppelt sein, zum Beispiel an einen Lebensabschnitt oder an eine bestimmte Szenerie. Und sobald wir dann eine neue Rolle einnehmen, wie etwa die des Chefs, werden die Spiegelneuronen als Zeitbombe aktiv und verwandeln den kritischen Denker und politischen Aktivisten in einen spießigen Vorgesetzten – egal ob man 25 oder 50 Jahre alt ist.

Das ist übrigens, wie Vera F. Birkenbihl vermutet, die Erklärung für ein Phänomen, das eine Langzeitstudie von Forschern der Harvard-Universität gefunden hat, ohne allerdings damals die Gründe für dieses Phänomen erklären zu können. Man hatte Absolventen 28 Jahre lang beobachtet und ihnen halbjährlich Fragen vorgelegt.

Fazit: Menschen führen – und lehren – so, wie sie in den ersten Jahren selbst geführt – und belehrt – worden sind. Die Lehr-Zeitbombe wird gewissermaßen in der Kindheit „scharf gemacht" und dann nützen Jahre didaktischen Studiums umso weniger, je mehr man dort vor allem über das Lehren redet (wie auf unseren Pädagogischen Hochschulen). „Nur konsequentes Training, das heißt Handeln, kann diese Zeitbomben durch neue Erfahrungen und damit die anderweitige Nutzung der Spiegelneuronen verändern", schreibt die Lernforscherin und erinnert an den jungen Rebellen, der Zeit seines Lebens gegen Autoritätsfiguren gekämpft hat und den die Kollegen unter anderem deshalb schätzten. Wenn sie ihn dann eines Tages zum Chef haben, sind sie völlig erstaunt, weil er über Nacht all die schlimmen Manierismen, die er an seinen Chefs immer bekämpft hat, selbst an den Tag legt. Solches Verhalten konnte man sich lange nicht erklären, aber Spiegelneuronen machen es verständlich: In dem Moment, da der junge Aufsteiger sich zum ersten Mal in seinen großen Chefsessel fallen lässt, geht die Zeitbombe hoch und sämtliche Spiegelneuronen, die das Chef-Verhalten spiegeln, werden aktiviert.

Interessanterweise bekommt der Betroffene das oft gar nicht mit, denn seine Selbstwahrnehmung hat sich durch die Aktivität der Spiegelneuronen vermutlich nicht verändert. Er hält sich nach wie vor für den alten politischen Aktivisten, während sein direktes Umfeld überhaupt nicht nachvollziehen kann, wie jemand so wirklichkeitsfern sein kann.

Vera F. Birkenbihl beschreibt ein Phänomen, das wir selbst erlebt haben. Die Ehefrau, die zu ihrem Mann sagt: „Wenn ich je dir oder den Kindern gegenüber so werde wie meine Mutter, verlass mich!" Als junge Frau war sie ihrer Mutter tatsächlich extrem unähnlich, aber im Laufe der Zeit platzen die „Spiegelneuronen-Bomben" und sie wird im Laufe der Zeit ihrer Mutter immer ähnlicher. Alle nehmen das wahr: ihr Mann, die Kinder, ihr Schwiegervater, die Freundin, die Nachbarn, nur sie selbst nicht – sie streitet es (natürlich) vehement ab.

Das Zusehen schafft die ersten Spiegelneuronen. Der Junge, der nicht im Tennisclub groß geworden ist und vielleicht noch nie beim Tennis zugeschaut hat, wird keinen Spiegelneuronen-Vorsprung haben und sehr mühsam von der Pike auf lernen müssen, was durch Zuschauen viel leichter gewesen wäre.

Der Psychoanalytiker Joachim Bauer zieht in seinem Buch über Spiegelneuronen (Warum ich fühle, was du fühlst) den Schluss, dass keinerlei Lernen ohne Aktivierung der Spiegelneuronen stattfindet. Man bedenke, dass wir jahrtausendelang Verhaltensweisen vor allem dadurch lernten, dass wir über längere Zeiträume immer wieder zugeschaut haben, bis wir begannen, mitzumachen und es am Ende alleine ausführen konnten. Dies ist eine wichtige Grundlage für die Wirksamkeit der 20-Minuten Erziehung.

Die Bedeutung des Charakters in der Positiven Psychologie

Wie Sie bereits im vorherigen Kapitel gelesen haben, untersucht die Positive Psychologie, wie wir unsere Stärken und Fähigkeiten entdecken und so einsetzen können, dass sie uns und anderen das Leben erleichtern. Solche Stärken und Ressourcen sind beispielsweise Begeisterung, Beharrlichkeit, kommunikative Fertigkeiten und Kreativität, Mitgefühl, Altruismus und Solidarität, Resilienz, Hoffnung, Hingabe – und Humor.

All diese Stärken haben eine gemeinsame Herkunft: den Charakter. Vor dem Zweiten Weltkrieg war der Charakter ein Standardbegriff in der deutschen Psychologie, der aber, wie der Psychologe Dr. Andreas Huber beschreibt, von einflussreichen Psychologen wie Gordon Allport als zu wertend, zu ethisch-moralisch kritisiert und durch das wissenschaftlichere Konzept der Persönlichkeit ersetzt wurde.

Im Zentrum des „modernen“ Charaktermodells der Positiven Psychologie, formuliert von Martin Seligman, stehen die dem 20-Minuten-Programm zugrunde liegenden sechs übergeordneten, sehr traditionellen Tugenden – nämlich:

- Weisheit
- Mut
- Menschlichkeit
- Gerechtigkeit
- Mäßigung
- Transzendenz

Diese Tugenden werden in allen Kulturen geschätzt und seit jeher von allen Philosophien und Weltreligionen als vorbildlich dargestellt. Die dem Trainingsprogramm zugeordneten Charakterstärken bestimmen die spezielle Art und Weise, wie wir die Tugenden persönlich gestalten und erleben – so öffnen sich uns die charakterbildenden Wege zur Weisheit beispielsweise über die Stärken von Neugier, Liebe zum Lernen, Urteilsvermögen und Kreativität (siehe Erklärung der „Tugenden" in Kapitel 2).

Untersuchungen fanden bemerkenswerte Übereinstimmungen zwischen den unterschiedlichsten Kulturen: Freundlichkeit, Fairness und Neugier bestimmen die Spitzengruppe der Werteskala in über 40 Ländern, von Aserbaidschan bis Venezuela. In Deutschland stehen zudem Liebe/Bindung, Integrität/Authentizität und Offenheit für Erfahrungen hoch im Kurs. Im Tabellenkeller der Charakterliga dagegen rangieren Vorsicht und Selbstregulation – die Tugend der Mäßigung ist bei den Menschen dieser Welt also nur schwach ausgeprägt. In Deutschland, Österreich und der Schweiz spielt nur noch Spiritualität eine geringere Rolle.

Im Sinne des Persönlichkeitsmodells nach Huber/Fuchs bestimmen Charakterstärken als stabile Persönlichkeitseigenschaften unser Denken, Fühlen und Handeln. Jeder Mensch erlebt seine vier, fünf oder sechs individuell am stärksten ausgeprägten Signaturstärken als besonders lebensfüllend und bedeutend. Diese Charakterstärken stehen somit im Zentrum der wichtigsten Ziele, Phasen und Projekte des eigenen Lebens.

Die junge Charakterforschung hat bereits einige Antworten auf die Frage nach dem guten und glücklichen Leben hervorgebracht. Die drei Essentials lauten:

Lebensstile

Alle Stärken eröffnen die drei wesentlichen Wege zum Glück – Lebenssinn, Engagement, Hedonismus. Humor etwa fördert die Lebenslust (Hedonismus), Dankbarkeit das Sinnhafte, Enthusiasmus das Engagement.

Lebenszufriedenheit

Alle Stärken fördern unser emotionales Wohlbefinden – am wirkungsvollsten aber ist das Glücksquintett aus Dankbarkeit, Enthusiasmus, Hoffnung/Optimismus, Bindung und Neugier.

Stärkenentwicklung

Alle Charakterstärken lassen sich trainieren und gezielt ausbauen.

Hier wird die Bedeutung einer systematischen Trainingsunterweisung wie durch das 20-Minuten-Programm deutlich sichtbar. Der Pionier der Positiven Psychologie und Charakterforschung, Martin Seligman, betont: Ohne die

„Bewährung durch eigene Stärken und Tugenden können wir nicht glücklich sein". Charakter und Charakterentwicklung bestimmen als „innere Determinante" Lebensglück und Zufriedenheit: Je stärker wir unsere Tugenden und die einzelnen Stärken entwickeln, desto erfüllter, glücksfähiger und glücklicher sind wir.

So ist ein zielstrebig durchgeführtes 20-Minuten-Erziehungsprogramm die beste Vorbereitung auf ein zufriedenes und glückliches Leben. Mehr können wir unseren Kindern kaum mitgeben.

Nach Huber ist unser hedonistisches Spaßpotenzial durch eine stark genetisch bestimmte Sättigungsgrenze beschränkt. Auch deshalb ist es wenig sinnvoll, Lebenszufriedenheit nur über Vergnügungen zu suchen. Die charakterpsychologische Praxis erprobt darum sogenannte positive Interventionen: Übungen oder Trainingsprogramme, mit denen einzelne Stärken, Tugenden, Lebensstile oder die Lebenszufriedenheit entwickelt und stabilisiert werden können. Daraus resultiert das 20-Minuten-Erziehungsprogramm und findet seine wissenschaftliche Bestätigung.

Klinische Studien zeigen, dass Programme konsequenter Stärkenentwicklung und Lebensstilförderung therapeutisch signifikant und dauerhaft gegen Depressionen helfen. In der Traumaforschung erwiesen sich Tapferkeit, Kreativität, Sinn für das Schöne, Freundlichkeit und Neugier als wichtige Gesundungsfaktoren. Bei der Wiederherstellung der Lebenszufriedenheit spielt ganz offenbar der Sinn für Schönheit eine wichtige Rolle, bei körperlichen Erkrankungen dagegen der Humor.

Die Charakterforschung liefert schon damit eine differenzierte Grundlage für die Wirksamkeit der 20-Minuten-Erziehung.

Werte und Tugenden – ein Interview

Der Persönlichkeitspsychologe Prof. Willibald Ruch über die moderne Charakterforschung und das Glückspotenzial unserer Stärken.

Huber: Ist die noch junge Charakterforschung der Königsweg zum Glück?

Ruch: Mit den Tugenden und Charakterstärken erfassen wir nun wieder Teile der Persönlichkeit, die lange ausgeblendet wurden. Wir sind wieder näher an der Alltags- und Lebenswirklichkeit der Menschen – und ihrem Glücks- und Zufriedenheitserleben. Gerade weil die Positive Psychologie keine bloße „Happyologie" sein will, liefert die Charakterforschung wichtige Einsichten in Fragen des guten Lebens und Lebensglücks. Wir können verlässlich davon ausgehen, dass alle Charakterstärken die Lebenszufriedenheit der Menschen bestimmen. Glück ist deshalb für den Einzelnen nie „Schicksal": Jeder kann für sein persönliches Lebensglück etwas tun, indem er die Tugenden und Stärken seines Charakters pflegt und fördert.

Huber: Man kann sich sein Glück tatsächlich gezielt „erarbeiten"?

Ruch: Ja. Lebensglück und -zufriedenheit sind sicher weitgehend eine Charakterfrage. Natürlich ist eine materielle Grundversorgung wichtig für das Wohlbefinden. Wie aber weltweite Studien wiederholt bestätigt haben, werden Reichtum oder Status als Glücksbringer meist ebenso beträchtlich überschätzt wie Spaß und Vergnügen: Die Sättigungsgrenzen sind – auch genetisch bedingt – schnell erreicht, danach benötigt man immer mehr desselben. Hedonismus ist eben nur einer von drei Glückswegen. Wie die Positive Psychologie zeigt, sind die beiden anderen Lebensstile, nämlich sinnorientiertes sowie engagiertes Handeln, für unser Lebensglück wichtiger – und sie sind ausgeprägte Charaktersache. Tatsächlich wissen wir heute, dass insbesondere fünf Charakterstärken alle Menschen direkt lebenszufrieden machen: Unabhängig von Alter, Geschlecht oder Kultur fördern Dankbarkeit, Hoffnung, Begeisterung, Bindung und Neugier das Lebensglück. Selbstverständlich hat auch der Hedonismus seine Berechtigung, aber man braucht keinen besonders starken Charakter, um einfach Spaß zu haben. Das eigentliche Vergnügen eines guten und geglückten Lebens entsteht jedoch aus den charakterlichen Stärken, die den sinnvollen und engagierten Lebensstil ermöglichen.

Huber: Welche besondere Rolle spielt der Humor? Stammt der nicht eher aus der Abteilung Spaß & Vergnügen?

Ruch: In der Rangreihe der besonders wichtigen Charakterstärken folgt auf die genannten fünf direkt der Humor, zusammen mit Ausdauer. Humor ist die einzige Charakterstärke, die praktisch alle anderen Tugenden fördert, vor allem Humanität, Weisheit und Transzendenz. Humor hat daher weniger mit Comedy oder Vergnügen zu tun als mit heilsamer Selbstdistanz: Wer Humor hat, kann über sich und seine unvermeidlichen Fehler lachen, er hat verstanden, dass Menschen unzulänglich sind und scheitern können. Und gerade deshalb hilft Humor, den eigentlichen „Spaß" im oft schwierigen Leben nicht zu verlieren.

Huber: Im traditionellen Verständnis sind auch Krisen und Krankheiten für die Charakterbildung wichtig.

Ruch: Zu Recht. Denn alle kleineren und größeren Frustrationen, Hindernisse und Schwierigkeiten im Leben sind ausnahmslos Gelegenheiten, um charakterliche Stärken zu entwickeln. Zunächst geht es uns natürlich schlecht, man ist unglücklich und mit dem Leben unzufrieden, und daher muss und kann man Wege finden, um dies zum Besseren zu ändern. Auch so entwickelt sich unser Charakter.

Huber: Sie beanspruchen, ein Gegenstück zum DSM (Diagnostisches und Statistisches Handbuch Psychischer Störungen) und ICD (Internationale statistische Klassifikation der Krankheiten und verwandter Gesundheitsprobleme der Weltgesundheitsorganisation) geschaffen zu haben, den weltweit gebräuchlichen Klassifikationen psychischer Krankheiten.

Ruch: Die Psychologie war im letzten Jahrhundert durch ihre weitgehende Fixierung auf das Negative und Kranke, das Depressive, Ängstliche oder Zwanghafte gewissermaßen unvollständig und oft eine Art Hilfsdisziplin der Medizin und Psychiatrie. Sie hat dabei wertvolle Beiträge geliefert, die wir auch weiterhin benötigen. Aber wir müssen nicht nur seelische Störungen klassifizieren und diagnostizieren (also „Fix what's wrong"), sondern sollten komplettierend und darüber hinausgehend auch das, was gut ist, verstärken („Build what's strong"): Es geht um das Verstehen der Bedingungen menschlichen Wachstums, Wohlbefindens und Lebensglücks. Das ist eine grundlegende Relativierung und Umbewertung der Verhältnisse: Wir gehen davon aus, dass das Charaktermodell mit seinen sechs Tugenden und 24 Stärken in derselben systematischen Weise positive Charaktereigenschaften beschreiben und diese über den Charaktertest VIA-IS messbar machen kann wie das DSM die negativen Symptome. Es geht darum, wirksame Hilfen und Interventionen zu schaffen und wissenschaftlich zu überprüfen, wie man Charakterstärken stabilisiert, trainiert und entwickelt. Die ersten Ergebnisse dieses Forschungsprojekts liegen vor – und sie sind aufregend: Die meisten Charakterstärken können gezielt und effektiv trainiert werden, wobei einige wohl einen kausalen, direkten Einfluss auf das Glückserleben haben. Ohne spezifisches Training blieben die

Werte dagegen vor und nach dem Training unverändert. Besonders auffällig ist dabei, dass diejenigen Personen ihre Lebenszufriedenheit deutlich steigerten, welche die fünf besonders wichtigen Charakterstärken Dankbarkeit, Enthusiasmus, Hoffnung, Bindung und Neugier trainiert haben.

Huber: Ist die Charakterforschung also ein Weltverbesserungsprojekt, indem sie charakterstärkere, lebenszufriedenere Menschen schafft?

Ruch: Das Studium des Charakters kann ein Schlüssel sein, um die Gesellschaft zu fördern und zu verbessern. Die Wertefrage wird bei der Suche nach dem guten, besseren Leben kulturell und gesellschaftlich immer dringlicher gestellt. So hat ja gerade die weltweite Finanz- und Wirtschaftskrise gezeigt, dass sich nicht allzu viele Manager und Wirtschaftsbosse das Prädikat „charakterlich einwandfrei" verdient haben. Wir werden uns wieder intensiv mit Charakterfragen befassen müssen!

Werte und Wertewandel in der 20-Minuten-Erziehung

Wie bereits eingangs erwähnt ist es vermutlich die Kombination verschiedener Faktoren, die auf das ICH verstörend einwirken:

- Die Entgrenzung, also die Aufhebung fast jeglicher Grenzen in unserem Verhalten schlechthin
- Die Entritualisierung, also die Aufgabe von täglich wiederkehrenden Abläufen, wie das Morgengebet oder regelmäßige gemeinsame Mahlzeiten, die das entwurzelte ICH als Orientierung dringend braucht
- Die Enttabuisierung, also die Auflösung von ehemals „heiliger" Abgeschlossenheiten wie wir sie etwa in der Sexualität, aber auch in der wirtschaftlichen Moral wiederfinden.

Diese sogenannte Freiheit, auf die wir so stolz sind und die wir als Befreiung erleben möchten, macht wiederum eine sorgsam geplante und eingeübte Lebensführung – wie wir sie in der 20-Minuten-Erziehung vorgeben – erst zur Notwendigkeit.

Wie der Lebenskunstphilosoph Wilhelm Schmid es so trefflich beschreibt, ist dies die Situation des modernen Menschen: Er will frei sein von *religiöser Bindung* und hat sich damit frei gemacht von der Zugehörigkeit zu einer Religionsgemeinschaft, von den Ritualen und damit auch dem Trost durch ein Jenseits. Der moderne Mensch ist deshalb gezwungen, seinem Leben nun selbst *Sinn* und *Wert* zu verleihen und die richtigen Antworten zu finden.

Er will sich von *politischer Bindung* befreien und damit die Abhängigkeit und Bevormundung auflösen und sieht sich vor der Herausforderung, dass er sich in seiner Entfaltung selbst „Gesetze“ geben muss und vor allem sich auch daran halten muss.

Ebenso will er frei sein von *ökologischer Bindung*, um neue Lebensformen im Kielwasser des cartesianischen Denkens zu erproben und sich von Vorgaben und Zwängen der Natur zu befreien. Leider muss er mit ansehen, wie die letzten Gemeinden ihre Bachläufe noch nicht alle begradigt haben und gleichzeitig die ersten schon wieder anfangen Mäander einzubauen, weil sie festgestellt haben, dass ein Bachlauf ökologisch verstanden werden muss und nicht ökonomisch.

Er will frei sein auch von *ökonomischer Bindung*, die uns aber letztlich alles andere als befreit hat, wie der Zusammenbruch der Banken und des Weltfinanzgebäudes quasi „über Nacht“ gezeigt hat. Von den sozialen „Nebenkosten“ einmal ganz abgesehen.

Auch die Befreiung von *gemeinschaftlicher Bindung* hat sich als sehr problematisch herausgestellt und endet eventuell sogar in der „Befreiung von sich selbst!“, wie Schmid es formuliert.

„Anstelle von Gemeinschaft entsteht die Gesellschaft als Zusammenkunft freier Individuen. Alle Formen sozialer Gemeinschaft werden fragmentiert: Die Großfamilie schrumpft zur Kleinfamilie, deren Bruchstücke führen zur Patchworkfamilie und zum Singledasein, bis schließlich nicht nur der „Individualismus“ wirklich wird, sondern auch die Selbsteliminierung des Individuums möglich ist: die letzte ‚Befreiung‘.“

Für ihn führt die Befreiung von inneren und äußeren Bindungen und Beziehungen zur Erfahrung von Sinnlosigkeit, wenn Sinn das Erkennen und Erleben von Zusammenhängen ist. Für Schmid ist die Bedeutsamkeit von Zusammenhängen in ihrer Abwesenheit am besten zu erkennen. Nichts ist mehr fest und verlässlich, aber erst im Verlust werden wir uns der Bedeutung bewusst und stellen wir die Fragen: Was ist es eigentlich wert? Was ist das Eigentliche daran? Kann ich darauf verzichten oder nicht? Wie viel bin ich bereit, dafür zu tun? Was ist mir wirklich wichtig? Was brauche ich zum Leben?

„Mit den Antworten, die darauf gefunden werden, beginnt die Arbeit an einer Wiederherstellung von Zusammenhängen, wenn auch anfänglich noch naiv und unbeholfen." *(Schmid).*

Besser wäre es vermutlich, rechtzeitig durch Üben – wie im 20-Minuten-Training – den Sinn durch Erkennen und Erarbeiten von Zusammenhängen wiederherzustellen und vor allem, ihn an die nachfolgende Generation zu vermitteln. Das ist praktische Lebenskunst.

Dies trifft in der Gegenwart besonders auf unser Verhältnis zur Arbeit zu. Besonders wenn keine Arbeit als sinnstiftende Lebensverwendung gegeben ist. Aber auch demjenigen, der Arbeit hat, stellt sich zunehmend die Frage, welchen Bezug zur Arbeit er noch hat und ob die ehemals aus Berufung gewählte Arbeitsform nur noch als Job zum Geldverdienen gesehen und damit vom Selbst abgespaltet als sinnlos erlebt wird. Genau dort knistert es dann im Gebälk der Ich-Stabilität.

„Wer ohne Sinn lebt, wird zynisch, verachtet die Welt und sich selbst, hasst sich für das, was er tut; eine Art von Selbst-Sabotage." *(Schmid)*

Und wer glaubt, Sinn durch Geld ersetzen zu können, irrt gewaltig: Materielle Sinnzusammenhänge sind weniger ergiebig als ideelle, sie setzen nicht dieselben immensen

Energien frei. Für Schmid wird die Sinnlosigkeit vom Leistungsdruck der modernen Wirtschaft und Gesellschaft verursacht. Wobei die große Herausforderung weniger im Leistungsdruck als in der mangelnden Resilienz – also Belastbarkeit – besteht.

„Während Sinn unbegrenzte Kräfte freisetzt, macht Sinnlosigkeit kraftlos, ausgebrannt, krank, und spätestens die Krankheit zwingt nun doch zum Nachdenken. Die Erfahrung des ‚Ausgebranntseins' ist ein zuverlässiger Indikator für die Dringlichkeit der Frage nach dem Sinn. Ein Burnout entsteht dort, wo jeglicher Sinn zerbricht. Das ist insofern problematisch, als ‚Sinn' nicht nur die Lebensquelle des Einzelnen, sondern auch der Rückhalt der gesamten Gesellschaft ist; selbst ein ‚System' kann auf Dauer nicht ohne Sinn existieren." *(Schmid)*

Fazit

Die Arbeit an sich selbst und seinen Beziehungen hat oberste Priorität. Familienarbeit, also mit einfachen Hilfsmitteln und Strukturen Verlorengegangenes wiederzufinden, muss an erster Stelle stehen.

Die 20-Minuten-Sitzungen, die wir entwickelt haben, füllen ein Vakuum der modernen Entwicklung und sind somit unverzichtbar. Sie erleichtern es, die engsten Beziehungen zu pflegen, das schwierige Zusammenleben zu organisieren, die Hausarbeiten zu erledigen, den gemeinsamen Rhythmus fürs Leben zu finden, den familiären Alltag zu bewältigen, Kinder zu erziehen. Besonders der Verfall der Beziehungen als direkte Konsequenz der fatalen „Befreiung" trifft die Familie in ihrem Kern. Auch wenn die Familie heutzutage nicht mehr durch Tradition, Konvention oder gar Religion zusammengehalten wird, sondern ausschließlich durch die freie Wahl der Beteiligten, gibt es doch gute Gründe, diese Rituale zu pflegen, insbesondere die Werte, wie wir sie im

20-Minuten-Programm auf der Basis von Martin Seligmann formuliert haben. Auch wenn die 20-Minuten-Arbeit gelegentlich Mühe macht, so werden die Akteure reichlich belohnt. Für Menschen, die regelmäßig klare Vereinbarungen zur Umsetzung von Werten treffen und diese Werte auch leben, noch dazu mit Kindern, stellt sich in aller Regel die Frage nach dem Sinn des Lebens nicht mehr: Das Leben in Beziehung und mit Kindern ist der Sinn.

Besonders bedeutsam wird die Aufgabe der 20-Minuten-Sitzungen im Kontext der genannten gesellschaftlichen Entwicklung, wenn wir uns die Geschwindigkeit von gesellschaftlichen Wandelprozessen anschauen.

„Die Lebensphase der Jugend wird zusätzlich zu den individuellen Veränderungsprozessen für die heutige junge Generation erschwert durch gesellschaftliche und demografische Wandlungsprozesse, die sich nicht auf eine Nation beschränken, sondern weltweit durch die Globalisierung vermittelt werden", schreibt der Gesellschaftsforscher Hurrelmann.

Kinder und Jugendliche brauchen demnach heute mehr denn je Hilfe bei der Entwicklung eines stabilen, handlungsleitenden Wertesystems. Ebenso wie die Gesellschaft insgesamt ist auch ihre Lebenssituation von grundlegenden Veränderungen betroffen und mit zunehmenden Unsicherheiten und Stressoren behaftet, welche die Erziehungsverantwortlichen in ihrer Bedeutung nur ansatzweise aus ihrer eigenen Historie ableiten können. Die Leistungsanforderungen steigen rapide, ein schnell wachsendes Wissensspektrum muss bewältigt werden und der Konkurrenzkampf in der modernen Welt steigt. Nebenbei brechen grundlegende Wachstums- und Reifungsressourcen der Heranwachsenden weg, weil aufgrund der Mobilitätsanforderungen und zunehmender Arbeitszeit nur wenig Raum für Erziehung bleibt. Verunsicherten und orientierungslosen Eltern misslingt es nur zu oft, Kindern ein festes und zuverlässiges Wertesystem zu vermitteln, vorzuleben und eigene Werteanschauungen zur Diskussion zu stellen.

Gefestigte Werte sind aber für eine erfolgreiche Lebensgestaltung unverzichtbar und von elementarer Bedeutung, da sie das Bindeglied herstellen zwischen Emotionen, Kognitionen, Motiven und Zielen. Worüber reden wir nun, wenn wir von Werten reden? Hier ein kurzer Ausschnitt aus der Werteforschung.

Was sind Werte?

„Ein Wert ist irgendein Objekt von irgendeinem Nutzen." (*Becker*)

„I define a value as a broad tendency to prefer certain states of affairs over others." (*Hofstede*)

„Geteilte Auffassungen vom Wünschenswerten." (*Kluckhohn*)

„... eine relativ konstante Überzeugung, dass eine spezielle Art des Verhaltens oder ein existenzieller Zielzustand dessen Gegenteil oder Umkehrung persönlich oder sozial vorzuziehen ist." (*Rokeach*)

„[...] individuelle wie auch kollektive geistige Grundorientierungen [...] [welche] in ihrer Gesamtheit das System sinnkonstituierender Orientierungsleitlinien und Ordnungsaspekte des gesellschaftlichen Zusammenlebens verkörpern." (*Klages & Kmieciak*)

Die wissenschaftliche Werteforschung ist erst wenige Jahrzehnte alt und ruht auf den Schultern von Wissenschaftlern wie Milton Rokeach, Shalom Schwarz, Peter Kmieciak,

Ronald Inglehart und Helmut Klages. Aktuell erlebt die Werteforschung durch die erwähnten gesellschaftlichen Herausforderungen eine Wiederauferstehung, angestoßen durch die Arbeiten von Shalom Schwartz. Auch die Begründung der bereits erwähnten Positiven Psychologie in den USA, insbesondere geprägt durch die Arbeiten von Seligman, Peterson und des Flow-Forschers Csikszentmihalyi, hat ihre Anteile daran. In Deutschland sind besonders Bilsky und Witte zu erwähnen.

Eine grundlegende Definition von Werten kann in der Literatur nicht gefunden werden. So schreibt Bilsky: „Werte sind kognitive Repräsentationen zentraler menschlicher Ziele und Motive, über die sich Personen im Hinblick auf die Verwirklichung verständigen müssen. Sie sind Ausdruck individueller (biologischer) Bedürfnisse, interaktiver Erfordernisse für die Abstimmung interpersonalen Verhaltens und gesellschaftlicher Erfordernisse für die Sicherung sozialen Wohlergehens und Überlebens."

Und Kluckhohn ergänzt: „Wert als ein (implizites oder explizites) unterscheidendes Konzept, für die Unterscheidung von Individuen oder Gruppen, für das Wünschbare, das die Auswahl der verfügbaren Handlungsweisen, Handlungsmittel und Handlungsziele beeinflusst."

Das Jugendwerk der Deutschen Shell beschreibt im Jahr 2000 Werte als „Vorräte an gesellschaftlich und persönlich Wünschbarem, potenziellen Orientierungsmustern. Sie sind keine konkreten Handlungsvorgaben, keine Normen, sie sind auch nicht einklagbar. Werte sind individuelle Vorstellungen davon, was erstrebenswert sei und damit allgemeine Anhaltspunkte, an denen sich menschliches Verhalten orientieren kann."

Im Buch der Wortbedeutungslehre leitet sich der Begriff „Wert" vom althochdeutschen Wort „werd" ab. Dies bezeichnete den Kaufpreis oder eine kostbare Ware und war das altsächsische Wort für „Lohn“ oder „Geld“. Damit lässt sich der Begriff eher dem Alltäglichen zuordnen als der Moraltheorie.

Werte dienen somit als Kriterien, um Handlungen und Ereignisse bei sich selbst oder bei anderen zu beurteilen. Nach Kluckhohn bezeichnen Werte dabei auch „erwünschte, über die Einzelperson hinausgehende Ziele, die sich in ihrer Wichtigkeit unterscheiden und als handlungsleitende Prinzipien die Leben der Menschen leiten.“

Nach Rokeach bezeichnen Werte zum einen Ziele des menschlichen Handelns und erwünschte Endzustände, aber auch die als gewünscht und wertvoll beurteilten Mittel und Wege zur Erreichung von beliebigen, nicht nur moralisch hochwertigen Zielzuständen.

Werte sind entweder Beurteilungsmaßstäbe für die angestrebten Endzustände oder Bewertungsrichtlinien für die Mittel und Maßnahmen zur Erreichung beliebiger Ziele. Als Zielwert könnte beispielsweise der Wunsch gelten, soziale Gerechtigkeit in der Arbeitswelt herzustellen. Nach Schwartz stehen hinter den Werten drei universelle Prinzipien (Motive), nämlich:

- **das Prinzip der biologischen** Bedürfnisse oder des biologischen Überlebens des Individuums,
- **das Prinzip des Überlebens der Gruppe** oder Gesellschaft und
- **das Prinzip der koordinierten sozialen Interaktion** zwischen den Menschen.

Demnach dienen alle Werte in unterschiedlich starkem Maße mindestens einem dieser Prinzipien. Werte nehmen damit eine der zentralsten Funktionen überhaupt ein, da sie indirekt dem Überleben aller dienen.

Begriffe, die in diesem Zusammenhang immer wieder auftauchen und klar voneinander abgegrenzt werden müssen, sind Normen, Erziehungsziele, Gewissen, Moral, Konventionen und Charakter.

In Anlehnung an Stein sind Normen stets aus Werten abgeleitet und auf diese zurückzuführende Sollens- oder Verhaltensforderungen, die sich auf alle Mitglieder einer Gesellschaft beziehen.

Erziehungsziele sind aus Normen und Werten abgeleitete praktische Handlungsanweisungen, die in emotionale, kognitive und soziale Inhaltsbereiche und unterschiedliche Abstraktionsebenen aufgegliedert werden können.

Das Gewissen schließlich wird definiert als ein umfassendes Konzept, das alle Werte umfasst, welche als verinnerlichte Handlungsrichtlinien des eigenen Verhaltens und Erlebens dienen.

Die Moral wird angesehen als die Fähigkeit, selbstbezogene Impulse zu überwinden und sich den Mitmenschen emphatisch zuzuwenden. Nach Stein lassen sich aus der Moral ein Repertoire angemessener Verhaltensweisen und die Bereitschaft zu deren Umsetzung ableiten.

Konventionen sind dagegen ebenfalls gesellschaftlich konstruiert, regeln den Ablauf des Miteinanders und werden von den Mitgliedern einer bestimmten Gesellschaft und Gemeinschaft geteilt.

Charakterstärke wird – wie bereits dargestellt – von der Positiven Psychologie als die Gesamtheit aller im Verhalten umgesetzten Werte definiert. Seligman nennt es „Values in Action" und hat mit dem VIA einen Charaktertest zur individuellen Anwendung vorgelegt. Er sieht in den Werten handlungsleitende und handlungsrelevante Einstellungen. Seine Aufteilung in sechs Kerntugenden und dazu zugeordnete Einzeltugenden findet sich in den philosophischen und religiösen Überbauten aller Zeiten, sodass nach Klein von der universellen und zeitlosen Gültigkeit der Kern- und Einzeltugenden ausgegangen werden kann.

Wie hängen Werte zusammen?

Genauso wenig wie die Wissenschaft sich auf ein stringentes Werte-Kategorien-System einigen konnte, sind auch die einzelnen Wertelisten miteinander kompatibel. Die zur Zeit wohl gängigsten Klassifikationen stammen von Schwartz, Rokeach, Hillmann, Ingelhart und Klages. Sie bauen auf empirischen Untersuchungen in unterschiedlichen Ländern auf, lassen sich aber nicht mit der nötigen Trennschärfe voneinander abgrenzen.

Die Einstufung nach Rokeach unterscheidet zwischen Terminalwerten, die in sich als erstrebenswertes Ziel gelten, und instrumentellen Werten, die vorschreiben, mit welchen Mitteln und auf welchen Wegen dieses Ziel erreicht wird. Er unterscheidet 18 Terminal- und 18 Instrumentalwerte. K. H. Hillmann, Soziologe aus Würzburg, wiederum hat die von Rokeach vorgenommene Klassifikation wesentlich erweitert. Er definiert vor dem Hintergrund von umfangreichen Studien zunächst Grundwerte wie zum Beispiel Gerechtigkeit. Dazu hat er weitere Unterscheidungen in prosoziale Werte wie Hilfsbereitschaft, Anstands- und Höflichkeitswerte wie Freundlichkeit und weitere Vereinzelungen vorgenommen, die aber nach Klein eher zusammenhangslos sind und nicht eindeutig zugeordnet werden können. Für die 20-Minuten-Erziehung sind die soziologischen Zuordnungen zwar interessant, aber nicht wirklich bedeutsam.

Inglehart darf aufgrund seiner publikumswirksamen Beiträge als der eher bekannte Werteforscher betrachtet werden. Er unterscheidet zwei Wertekategorien als Ordnungssysteme. Zum einen die sogenannten modernen oder materialistischen Werte wie Fleiß und Pflichterfüllung und zum anderen die postmodernen oder eher postmaterialistischen Werte wie Kreativität, Selbstentfaltung oder Zwischenmenschlichkeit. Er weist nach, dass sich beispielsweise alle Items des World Values Survey sowohl aus interkultureller Perspektive als auch innerhalb von Gesellschaften auf diese zwei Faktoren reduzieren lassen. Die Theorie Ingleharts basiert persönlichkeitspsychologisch auf Maslows Einteilung in grundlegende physiologische Bedürfnisse wie Hunger und Durst und soziale Bedürfnisse nach Sicherheit und Zugehörigkeit, die erst befriedigt sein müssen, bevor das Bedürfnis nach höheren Werten wie Anerkennung und Selbstverwirklichung entsteht (siehe Maslowsche Bedürfnispyramide). So meinte Inglehart, dass in Gesellschaften und Zeiten, die vorwiegend durch materielle Mangelzuständen gekennzeichnet sind, die Menschen eher im Sinne einer materialistischen Wertorientierung sozialisiert würden, und formuliert eine Mangel- und Sozialisationshypothese.

Mangelhypothese: Die Prioritäten eines Menschen reflektieren sein sozioökonomisches Umfeld: Den größten subjektiven Wert misst man Dingen zu, die relativ knapp sind.

Sozialisationshypothese: Die grundlegenden Wertvorstellungen eines Menschen spiegeln weiterhin die Bedingungen wider, die in der Jugendzeit vorherrschend waren.

Ingleharts zentrale These: Postmaterialistische Werte werden vermehrt von jungen Menschen mit einem höheren Bildungsniveau vertreten. Er befürchtet, dass das Engagement für die Gesellschaft zunehmend fehlt und der Egoismus wächst.

Helmut Klages, Soziologe und Verwaltungswissenschaftler, beschreibt in seiner Theorie der Wertsynthese, dass der aktive Realist das „evolutionäre Potenzial des Wertewandels" repräsentiert. Er vereint die Hochschätzung traditioneller Leistungs- und Pflichtethik mit einer gleichermaßen ausgeprägten Betonung „neuer" Selbstverwirklichungs- und Partizipationswerte.

Damit stellt er sich gegen ein bis dato unangefochtenes Credo der Wertetheorie: Bei Parsons, Rokeach und Inglehart ist der kompetent handelnde, vernünftige, „bessere" Bürger nur der, dem es gelingt, die mannigfaltigen und widersprüchlichen Werte der Moderne in eine klare Rangordnung zu übersetzen. Menschen, die dazu nicht in der Lage sind, wird zufälliges, irrationales, chaotisches Handeln prognostiziert.

Für Klages dagegen wird die Wertesynthese zum Ausdruck einer reiferen und kompetenteren Persönlichkeit. Auf der Basis einer westdeutschen Repräsentativstudie aus dem Jahr 1992 untersucht er das Einstellungs- und Handlungspotenzial des Realisten im Vergleich zu Wertmustern, die auf einer eindeutigen Hierarchisierung von Werten beruhen. Das Ergebnis der empirischen Analyse ist eindeutig und im Einklang mit der klassischen Wertetheorie: Werte sind nur dann handlungsanleitend und hilfreich, wenn sie in eine Hierarchie des wichtiger-unwichtiger, besser-schlechter gebracht werden – sonst bleibt nur Hilflosigkeit, Zukunftsangst und vor allem Konformismus.

Shalom Schwartz' Wertetheorie zählt zu den wohl umfassendsten und am besten abgesicherten Erkenntnissen der modernen Werteforschung. Schwartz erweitert die vier beziehungsweise fünf Wertetypen von Klages auf insgesamt zehn Wertetypen, die er in einem Kreismodell anordnet. Der Vorteil des Kreismodells von Schwartz ist, dass es die Werte nicht unverbunden nebeneinander positioniert, sondern die Zusammenhänge darstellt. Je näher zwei Wertetypen beisammenliegen, desto höher ist die Verknüpfung der Bedeutung, die diesen Werten im Leben beigemessen wird. Jeweils nebeneinanderliegende Werte sind wiederum durch eine gemeinsam geteilte Motivation miteinander verbunden.

Nach Klein stehen die hier vorgestellten grundlegenden Wertetheorien in keinem logischen Gegensatz zueinander. Alle Fassungen des Werteraums können ineinander überführt werden. Das Modell der 20-Minuten-Erziehung orientiert sich am Modell der sechs Grundtugenden der Positiven Psychologie. Nach Peterson und Seligman (2004), also dem jüngsten Modell, lassen sich einzelne Werte entsprechend gut korrespondierenden Charaktereigenschaften zuordnen, beispielsweise der Mildtätigkeit die Freundlichkeit, der Macht die Führungsqualität sowie der Wertschätzung Eigenschaften wie Bescheidenheit, Spiritualität und Anstand. Auch die beiden grundlegenden, im Kreismodell von Schwartz orthogonal angeordneten Wertedimensionen ebenso wie die Einteilung in Zielwerte und instrumentelle Werte können auf den Bereich der Charaktereigenschaften übertragen werden (Klein).

Wie werden Wertvorstellungen gebildet?

Die Frage, wie Werte entstehen, hat viele Wissenschaftler und Autoren beschäftigt und die Wertedebatte in ihrem ganzen Themenspektrum ist durch die Gewaltaktionen von Jugendlichen gerade wieder in aller Munde.

Nun hat Prof. Dr. Hans Joas in seinem 1997 erschienen Buch *Die Entstehung der Werte* über Werte und die Wertevermittlung in pluralistischen Gesellschaften das Thema schon sehr treffend abgehandelt. Aber welche Konsequenzen kann der „Nicht-Psychologe" oder in diesem Falle „Nicht-Soziologe" aus diesen Ausführungen gewinnen, ohne selbst in diese – zugegebenermaßen etwas verwirrende – Diskussion tiefer einzusteigen?

Wir möchten hier kurz die für Sie wichtigen Punkte zusammenfassen:

Wertbindungen sind nach Joas nicht mit Absicht erzeugbar, zumindest nicht auf direktem Wege. Sie können nicht Gegenstand von Intentionen sein. Wir wissen alle, was aus guten Vorsätzen wird. Schauen wir auf die Silvestervorsätze. Die meisten guten Vorsätze erleben nicht den Dreikönigstag. Höchstens bis zum 6. Januar bleiben die guten Vorsätze also erhalten – länger meistens nicht. Umso mehr gilt das natürlich auch in der Erziehung und im Verhalten gegenüber anderen.

Menschen fühlen sich nicht deshalb an Werte gebunden, weil ihnen jemand gesagt hat: „Du sollst dich gefälligst an diesen Wert gebunden fühlen!" Moralpredigten, das haben die meisten Eltern herausgefunden, sind ein besonders ineffektives Verfahren der Werteerziehung.

Woran aber liegt das? Joas behauptet, es läge daran, dass Wertbindungen notwendig ein passivisches Moment enthalten, das er mit einem altmodisch gewordenen deutschen Wort auszudrücken versucht. Früher sprach man nämlich im Zusammenhang von Wertbindungen vom „Ergriffensein". An diesem Ausdruck „Ergriffensein" gefiel ihm das Passivische. Joas glaubt, dass es nicht wahr ist, dass wir unsere Werte wählen. Wir wählen auf der Grundlage von Werten. Natürlich treffen wir Wahlentscheidungen, weil uns etwas als gut oder schlecht erscheint, aber wir kommen nicht zu unseren fundamentalen Vorstellungen über das, was gut oder schlecht ist, durch Wahlentscheidungen, sondern weil uns etwas in irgendeiner Weise packt oder ergreift.

Das erste Element, meint Prof. Joas, das man sich vor Augen führen muss, wenn man über Werte, Wertebildung und Werteentstehung redet, ist dieses passivische Element, die Erfahrung des Ergriffenseins.

Nun gab es zu Joas' Zeiten einige neurowissenschaftliche Forschungsergebnisse noch nicht und gerade vor dem Hintergrund der Theorie der Spiegelneuronen von Rizolatti bekommt das „Ergriffensein" plötzlich eine neue Dimension respektive neurowissenschaftliche Erklärung.

Deshalb spielt das „Ergriffensein" in der 20-Minuten-Erziehung eine große Rolle und durch Üben, Vorleben und Verhaltenswiederholungen wird genau diese Zielsetzung erreicht: Die zweite Erfahrung, an die Joas appelliert, ist das Phänomen des „Bei-sich-Seins". Alle Menschen haben starke Wertbindungen und wenn sie etwas als Wertbindung erleben, haben sie dabei kein Gefühl der Unfreiheit, sondern eher ein intensives Gefühl äußersten „Bei-sich-Seins", wie er es nennt.

Der Begriff „Bindung" könnte für ihn auch so klingen: „Eigentlich bin ich frei, aber unglücklicherweise habe ich Wertbindungen, die meine Freiheit einschränken." Das beschreibt aber nicht die subjektive Erfahrung an dem Punkt, an dem wir uns an etwas gebunden fühlen. Joas vergleicht und erklärt den Zustand treffend mit der Legende um Martin Luthers Auftritt vor dem Reichstag in Worms.

Zur Erinnerung

Luthers Bücher werden auf einem Tisch platziert. Er wird nun gefragt, ob es sich um seine Schriften handele und ob er etwas daraus widerrufen wolle. Luther erbittet sich Bedenkzeit, danach lehnt er jedoch mit der bekannt gewordenen Rede einen Widerruf ab:

„Wenn ich nicht durch Zeugnisse der Schrift und klare Vernunftgründe überzeugt werde; denn weder dem Papst noch den Konzilien allein glaube ich, da es feststeht, dass sie öfter geirrt und sich selbst widersprochen haben, so bin ich durch die Stellen der heiligen Schrift, die ich angeführt habe, überwunden in meinem Gewissen und gefangen in dem Worte Gottes. Daher kann und will ich nichts widerrufen, weil wider das Gewissen etwas zu tun weder sicher noch heilsam ist. Gott helfe mir, Amen!"

Dass Luther dem die berühmt gewordenen Worte „Hier stehe ich und kann nicht anders! Gott helfe mir, Amen!" hinzugefügt haben soll, ist Legende. Es wurde wahrscheinlich nur hinzugefügt um die Geschichte interessanter zu machen und sie als große „Pressesensation" darzustellen.

Auf sein Zitat könnte man etwas witzelnd fragen: Was hat er denn gemeint, als er gesagt hat „Ich kann nicht anders"? Natürlich hätte er anders gekonnt. Und es hätte ihm viele, zumindest kurzfristige Vorteile gebracht, wenn er gesagt hätte: „Natürlich kann ich anders, so ernst habe ich das auch nicht gemeint." Oder etwas dergleichen. Aber dieses „Ich kann nicht anders" soll nicht heißen: „Ich verfüge nicht über die sprachliche oder intellektuelle Fähigkeit zum Widerruf." Es soll auch nicht heißen: „Ich kann nicht anders, weil ich gezwungen werde."

Interessanterweise geht der Zwang in Richtung Widerruf. Es soll vielmehr vermutlich in unsere Sprache übersetzt heißen: „Ich kann mich sonst morgen nicht mehr im Spiegel betrachten." Interpretiert bedeutet es: „Ich kann nicht widerrufen, weil ich dann nicht mein Selbstbild aufrechterhalten könnte." Das Wichtige an diesem zweiten Punkt ist für Joas, dass Wertbindungen intensive Bindungen sind, die uns das Gefühl geben, ganz besonders mit uns identisch zu sein und nicht etwas von uns abspalten zu müssen.

Das Phänomen, um das es also geht, wenn wir über Werte, Wertbindung und Wertentstehung reden, ist ein Phänomen, bei dem wir von etwas ergriffen werden, das wir nicht direkt ansteuern können, das jedoch in uns ein intensives Gefühl von Freiheit auslöst und hinterlässt.

Hier kann nur nochmals auf die spiegelneuronale Verknüpfung von Emotionen, Erfahrungen und abgerufenem Verhaltensmuster hingewiesen werden. Durch die Übungssequenzen, die Diskussionen und die regelmäßige optische Vergewisserung durch den im täglichen Blickfeld platzierten Kalender beim 20-Minuten-Training wird dieses Gefühl, „das Richtige zu tun", verstärkt und verankert.

Abschließend möchten wir in diesem Kapitel die fünf wichtigsten Thesen zur Werteentstehung von Joas einer 20-Minuten-Perspektive zuordnen. So schreibt Joas:

1. Wertevermittlung hat notwendigerweise eine personale Dimension: „Es ist ganz wichtig, dass es Personen gibt, die für eine Überzeugung einstehen und nicht nur davon reden. Das klingt ganz bewusst nach dem altmodischen Begriff des Vorbildes. Dass in der Erziehung mehr über Personen als über Sätze geschieht. Oder theologisch gesprochen nach dem Begriff des Zeugen, dass jemand für seine Überzeugung einstehen muss."

Auf unsere 20-Minuten-Erziehung bezogen bedeutet es, dass die Elternfiguren oder Erziehungspartner unbedingt dieses Programm mitleben und mit Leben füllen müssen. Damit steht und fällt sicherlich die Wirkung der wöchentlichen Sitzungen. Kinder müssen erkennen, dass ihre Eltern beziehungsweise ihre Erziehungspartner von diesem Programm „ergriffen" werden.

2. Kinder und Jugendliche entwickeln ein außerordentlich sensibles Gespür dafür, inwieweit Worte und Fakten voneinander abweichen. Wenn also ein Erziehungsberechtigter für etwas eintritt, was aber in der Realität keiner Überprüfung standhält, wenden sie sich ab. Joas belegt das folgendermaßen: „Nicht nur die Lehre oder Personen sind wichtig, sondern auch die Rahmung des Ganzen. Wenn in allen Toiletten die Spiegel gestohlen werden und niemand sich darüber aufregt, sondern es als normal gilt, dass Studenten Toilettenspiegel stehlen, dann hat das meines Erachtens eine erzieherische Botschaft, die vielleicht in ihrem Effekt stärker ist als die Botschaft der verbalen Äußerungen."

Auf unsere 20-Minuten-Erziehung bezogen bedeutet es, dass grundlegend darüber nachgedacht werden muss, welche „äußerlichen“ Veränderungen zum Ausleben der Werte berücksichtigt und gegebenenfalls verändert werden müssen. So wird es unabdingbar sein, dass in der Woche, wo das Thema Ordnung besonders gelebt wird, auch räumliche und ablauftechnische Veränderungen wie „früher aufstehen“ oder „Tisch erst abräumen“ vereinbart werden.

3. Joas meint dazu: „Alle Wertevermittlung ist leer, die nicht tatsächlich auf Erfahrungen Bezug nimmt. Sie kann entweder Brücken schlagen zu Erfahrungen, die ohnehin gemacht werden, oder sie ist Teil einer Erziehung, die sogar Erfahrungen zu machen erlaubt.“

Auf unsere 20-Minuten-Erziehung bezogen bedeutet es, dass gerade dem systematischen Einbau der Erfahrungsdimension eine wichtige Bedeutung zukommt. Diese Woche wollen wir zum Beispiel das freundliche Gesicht oder die freundliche Stimme üben, denn das Thema der Woche heißt Freundlichkeit. Nächste Woche fragen wir, welche Erfahrungen wir damit gemacht haben.

4. „Ich glaube nicht wirklich an die Möglichkeit der Wertevermittlung durch einen separaten Werteunterricht. Ich glaube, dass alles Erziehungsgeschehen und alles Fachliche eine Wertedimension hat und dass es gefährlich ist, zu denken, wir machen wertfreien Unterricht in allen Bereichen und nur in einem Bereich zusätzlich und kompensatorisch Werteunterricht.“

Auf unsere 20-Minuten-Erziehung bezogen bedeutet es, dass der Grundansatz der 20-Minuten-Erziehung, nämlich gewünschte und notwendige Werte nicht isoliert zu betrachten und immer in eine authentische Lebensführung einzubauen, durch die Ausführungen von Joas gestützt wird und der richtige Weg ist. Werteerziehung isoliert vom restlichen Erziehungsgeschehen einfach nur zu „implantieren" dürfte zum Scheitern verurteilt sein. Das fasst auch Joas in anderen Worten zusammen:

5. Er sagt ganz deutlich: „Wenn Wertevermittlung auf Schwierigkeiten stößt, liegt das nicht immer nur an den Techniken der Vermittlung, sondern manchmal auch an den Werten oder an der Artikulation der Werte. Ich würde sagen, dass jede Schwierigkeit der Wertevermittlung ein Aufruf sein muss, darüber nachzudenken, ob die Art und Weise, wie wir Werte artikulieren, auch wirklich glaubwürdig und überzeugend ist."

Auf unsere 20-Minuten-Erziehung bezogen bedeutet es, dass die Eltern und Erzieher aufgefordert sind, die praktische Umsetzung der einzelnen vorgegebenen Werteübungen auch für den eigenen Ansatz zu prüfen und ggfs. andere Prioritäten zu setzen. So wird auch der Instrumentalisierung der 20-Minuten-Übungen vorgebeugt und ein „Familienspiegel" der gelebten Werte diskutiert.

Wie ändern sich Werte?

Wertewandel und Werteverfall aus aktueller Perspektive sehen folgendermaßen aus:

Beobachtet man die Diskussionen auf der Straße oder an Stammtischen, dann ist tatsächlich der Werteverfall nicht mehr aufzuhalten. Der „wahre Charakter" in seinen Rohformen von Egoismus, Gewaltbereitschaft, Hemmungslosigkeit und Begehrlichkeit, die Frustration bei Trieberfüllungsversagung und eine allgemeine Orientierungslosigkeit (Klages) scheinen unaufhaltsam um sich zu greifen. Diese vorherrschende kulturpessimistische Grundhaltung lässt sich allerdings in der empirischen Werteforschung nicht bestätigen und scheint den Ausführungen der babylonischen Tontafeln näher als einer wissenschaftlichen Tatsachenbeschreibung.

Wie weltweit übereinstimmend festgestellt wird, vollzieht sich – in der BRD etwa seit Mitte der 60er-Jahre – tatsächlich kein Werteverfall, sondern vielmehr ein qualitativer Wertewandel, der gemäß unseren eigenen Studien in Verbindung mit dem vorliegenden Datenmaterial als eine Veränderung der Rangordnung der Werte betrachtet werden muss.

So lassen sich zum Beispiel bei den Werten, die der Selbstentfaltung dienen, höhere Punktzahlen und bei den Werten, die der Unterordnung dienen, niedrigere Punktzahlen feststellen.

Wie bereits eingangs am Beispiel der Ausführungen des Lebenskunstphilosophen Wilhelm Schmid erkennbar war, steht der moderne Mensch natürlich in seiner Persönlichkeitsentwicklung vor anderen Herausforderungen, als es das SELBST vor ein oder zwei Generationen erlebte, um einen gelungenen Lebensentwurf zu realisieren.

Soziologen verwenden ebenso wie Volkswirtschaftler zur Beschreibung der aktuellen Konfrontation gerne den Begriff der „globalen Vernetzung“ oder „Globalisierung“ der Gesellschaft, die natürlich – täglich erlebbar – ein anderes Maß an eigenständiger Lebensbewältigung erfordert.

Diese ist bedingt durch die „rapide wichtiger werdenden Fähigkeiten und Bereitschaften zu einem lebenslangen individuellen Lernen, zu individueller Mobilität und Entscheidung, zur rationalen Beurteilung von Chancen und Gefahren, zur aktiven Kommunikation und Kooperation mit Anderen, zur Toleranz gegenüber Andersartigkeit Anderer und zu Investition von Vertrauen in deren Fähigkeiten“. (Klages)

In unserem 20-Minuten-Training weisen wir darauf hin, dass wir den jungen Menschen hohe Selbstentfaltungschancen einräumen müssen, damit sie nicht der wachsenden Frustrationsanfälligkeit und mangelnden Resilienz zum Opfer zu fallen. Diese beobachten wir zunehmend bei Menschen, die von traditionellen Werten ausschließlich bestimmt werden und aufgrund der Erfahrung eigener Hilflosigkeit beim Umgang mit den scheinbar unbeherrschbaren Herausfor-

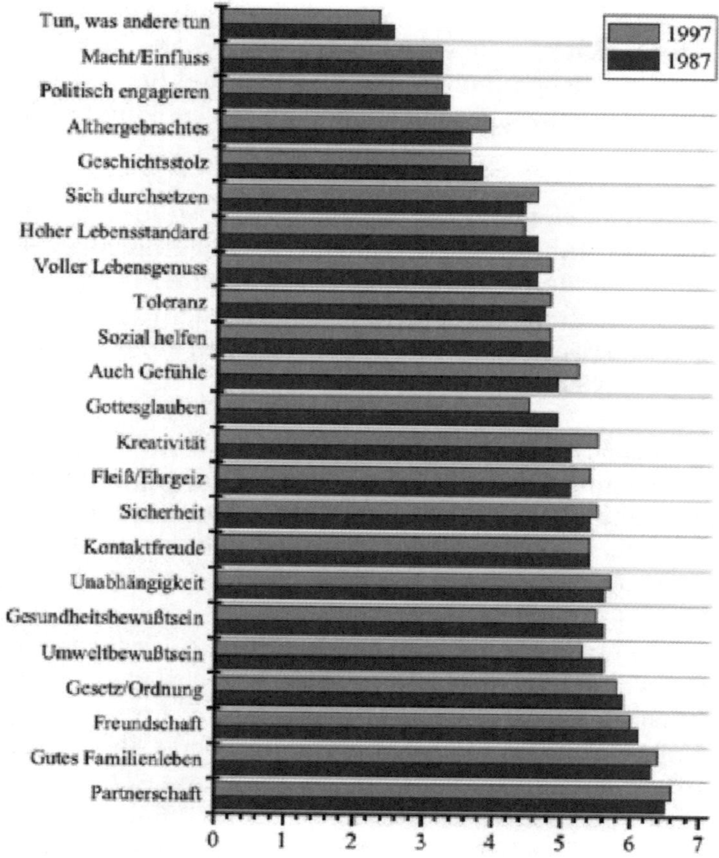

Abbildung 1: Werteentwicklung zwischen 1987 und 1997 (nach: Klages & Gensicke, 1998)

derungen einer wachsenden Komplexität versagen und in Burn-out oder Depression einen Ausweg suchen.

Im beobachtbaren Wertewandel vollzieht sich eben nicht die chaotische Auflösung aller Stabilitäten, sondern eher „die mentale Anpassung der Menschen an die Lebensbedingungen der modernen Welt unter Rückgriff auf latent vorhandene Reserven der Eigenaktivität und Belastungsresistenz, die in ‚behüteten' früheren Gesellschaftszuständen nicht benötigt, sondern eher stillgelegt wurden". (*Klages*)

Somit bedeutet Wertewandel nicht Umsturz der Werte, sondern eine qualitative Neuorientierung, wie auch am Beispiel des Wandels der Erziehungsziele nach Köhne deutlich wird.

Welchen Einfluss haben Erziehungspartner auf die Werteentwicklung?

Im Rahmen seiner umfangreichen Forschungen zur Wertefrage stellte Dr. Klages einen Trend zur Wertesynthese – das heißt zu einer Vereinigung gegensätzlich erscheinender Werte – fest. Gerade diese Entdeckung führte für ihn zu einer optimistischen Deutung des gesellschaftlichen Wandels. Er hinterfragte, ob und inwieweit Wertorientierungen, die in der Forschung und auch im Allgemeinen Verständnis als „traditionelle" und „moderne" Werte voneinander abgegrenzt werden, dennoch gemeinsam auftreten können. Er fand in der Tat einen Persönlichkeitstypus, der gleichermaßen „moderne" und „traditionelle" Werte besonders schätzt. Er nennt diesen Typus den „aktiven Realisten".

Ein Überblick über die Merkmale der insgesamt fünf von ihm genannten Wertetypen zeigt große Unterschiede in der Fähigkeit und Neigung, sich produktiv und „sozialverträglich" auf die Anforderungen der gesellschaftlichen Modernisierung und der Bürgergesellschaft einzulassen.

- Traditionelle
- Hedonisten
- Idealisten
- Resignierte
- Realisten

Vorrangig *traditionell* orientierte Menschen (1999: 18 Prozent der Bevölkerung ab 14 Jahren) halten sich eher ans Bewährte und lassen wenig Neigung zur Selbstständigkeit und Risikofreude erkennen.

Vorrangig *hedonistisch* und *materiell* orientierte Menschen (15 Prozent) sind zwar flexibel, die Dominanz des Lustprinzips und die Jagd nach schnellen Gewinnen lassen sie jedoch nicht selten die Grenzen des sozial und legal Verträglichen austesten.

Vorrangig *idealistisch* eingestellte Menschen (17 Prozent) sind zwar verbale Fortschrittsbejaher, stehen jedoch wegen ihrer oft ideologisch geprägten Sichtweise der Realität der Modernisierung frustrationsanfällig gegenüber.

Perspektivenlos Resignierte (16 Prozent) sind die eigentlichen „Stiefkinder" des gesellschaftlichen Wandels; Rückzug, Passivität und Apathie sind für sie typisch.

Von ihrer ganzen Persönlichkeitsstruktur her sind die *aktiven Realisten* mit ihrer mentalen Grundausstattung wohl am ehesten für Change-Prozesse und für Modernisierungen zu begeistern. Die Gruppe umfasste 1999 34 Prozent der Bevölkerung und stellte somit den zahlenmäßig stärksten Typus dar. Menschen, die dieser Gruppe angehören, sind, wie Klages formuliert, in der Lage, auf verschiedenartigste Herausforderungen „pragmatisch" zu reagieren, gleichzeitig aber auch mit starker Erfolgsorientierung ein hohes Niveau an „rationaler" Eigenaktivität und Eigenverantwortung zu erreichen. Sie sind auf eine konstruktiv-kritikfähige und flexible Weise institutionenorientiert und haben verhältnismäßig wenig Schwierigkeiten, sich in einer vom schnellen Wandel geprägten Gesellschaft zielbewusst und mit hoher Selbstsicherheit zu bewegen. Mit allen diesen Eigenschaften nähern sie sich am ehesten dem Sollprofil menschlicher Handlungsfähigkeiten unter den Bedingungen moderner Gesellschaften an.

Persönlichkeitseigenschaften, die zur Bewältigung und Gestaltung der Modernisierung wichtig sind, sind, wie im Speyerer Werte- und Engagementsurvey 1997 festgestellt wurde, über die gesamte Bevölkerung hinweg betrachtet keineswegs schwach entwickelt. Die aktiven Realisten liegen allerdings praktisch bei allen Messwerten deutlich über dem Durchschnitt.

Nach Klages erweisen sie sich als „kooperative Selbstvermarkter“ mit hoch entwickelter fachlicher Kompetenz und ausgeprägtem Erfolgsstreben, mit ausgeprägter Fähigkeit zu Selbstkontrolle, rationaler Verhaltenssteuerung, Soziabilität und Kommunikation, ergänzt durch erhöhte Konflikt- und Durchsetzungsfähigkeit.

Alles dies mutet auf den ersten Blick widersprüchlich an, repräsentiert aber das spannungsreiche Persönlichkeitsprofil, das den Menschen in Zukunft mehr und mehr abgefordert wird und zu dessen Realisierung es aller Voraussicht nach der von den aktiven Realisten verkörperten „Wertesynthese“ als mentaler Grundlage bedarf.

Das 20-Minuten-Training ist ein idealer Weg zur Ausbildung der Wertestruktur von aktiven Realisten und bietet damit eine deutliche Präventionsleistung für Zukunftsorientierung und Nachhaltigkeit. Um zu verstehen, welche Bedeutung bereits frühe Prägungen für die Begünstigung von aktiven Realisten haben, muss die Erziehungssituation in der Familie betrachtet werden. Nach Klages spielt hierbei zunächst die Erfahrung stabiler familiärer Ordnungsstrukturen und intensive emotionale Zuwendung eine große Rolle.

Klages betont die Erfahrung von Stabilität und Berechenbarkeit, die allerdings auch Konventionalisten vermehrt in der Kindheit gemacht haben. Beide Wertetypen bekunden eine anhaltende Vorbildwirkung ihrer Eltern, die bei ordnungsliebenden Konventionalisten aus einem strengen Erziehungsstil erwächst, der dem Kind wenig Widerspruch und Freiräume ließ, aber dennoch mit rückblickendem „Gehorsam" gutgeheißen wird.

Bei aktiven Realisten spielt dagegen die Erfahrung elterlicher geistiger und kultureller Anregung sowie die Übertragung eigenständig zu bewältigender Aufgaben, verbunden mit anspornendem Lob durch Eltern und Bezugspersonen, eine wichtigere Rolle.

Hier setzt die Philosophie des 20-Minuten-Trainings an und versucht, die Erziehungspartner für eine solche Rolle zu gewinnen und ein entsprechendes Verhalten als Vorbild zu leben.

Klages liefert damit eine hervorragende Darstellung der Notwendigkeit, entsprechende Konzepte zu realisieren, und zeigt die Defizite falscher Prämissen und Vorgehensweisen deutlich auf. So sind nach Klages Resignierte und Hedonisten in ihrer Sozialisation gestört. Die Vorbildwirkung der Eltern fällt geringer aus, während ihr Erziehungsstil einen gewissen Hang zur Duldung unerwünschten Verhaltens aufweist.

Die Realisten entwickeln seiner Ansicht nach wiederum das Bedürfnis nach „produktiver Aktivität". Kinder werden dahingehend erzogen, dass sie Leistung und Verantwortung zu schätzen lernen, die ihnen Erfolgserlebnisse vermitteln und ihnen regelrecht zum Bedürfnis werden.

„Dass die ‚traditionell' erzogenen Konventionalisten zwar eine hohe Leistungsbereitschaft, aber keine Disposition zur Wertesynthese besitzen, kann unter Rückgriff auf die Psychoanalyse mit der Vermutung erklärt werden, dass Leistungsantriebe hier in erster Linie durch ein psychisch verinnerlichtes und allzu strenges Über-Ich ausgelöst werden, das stets zu folgsamer Pflichterfüllung ermahnt", fügt er hinzu.

Mit dieser Aussage wird unser 20-Minuten-Programm quasi als Programm zur Leistungserziehung geadelt. Besonders die einzelnen aktiven Aufgaben der wöchentlichen Meetings können als „die anspornende Übertragung von Aufgaben und Verantwortung" gesehen werden und „Erfolgserlebnisse" und ein gutes Verhältnis zu einer „produktiven Leistung" können so verinnerlicht werden.

Schritt 2

Die Praxis der 20-Minuten-Erziehung

„Es gibt keinen Beweis, dass bestimmte Werte für das Wohlergehen der Familie wichtiger sind als andere. ... Von elementarer Bedeutung ist aber zweifellos, dass die Erwachsenen in einer Familie überhaupt Wertvorstellungen besitzen – etwas, woran sie glauben; Überzeugungen, für die sie eintreten."

Aus: Jesper Juul, Was Familien trägt – Werte in Erziehung und Partnerschaft, München 2007

„Die Jugend von heute liebt den Luxus,
hat schlechte Manieren und verachtet die Autorität.
Sie widersprechen ihren Eltern, legen die Beine
übereinander und tyrannisieren die Lehrer."

Sokrates (470 –379 v. Chr.)

Wie man eine 20-Minuten-Sitzung plant

Eine 20-Minuten-Sitzung, vorausgesetzt, sie wird richtig durchgeführt, kann allen Beteiligten sehr viel Spaß machen. Wie bereits erwähnt sind Rituale sehr wichtig für Kinder, weil sie ihnen dabei helfen, abzuschalten und loszulassen. Doch darüber hinaus erfüllen sie noch einen sehr wichtigen Zweck: Ähnlich wie in der Familienkonferenz von Gordon bekommen die Kinder durch diese Form von Aufmerksamkeit eine besondere Bedeutung und sie entwickeln das Gefühl, verstanden zu werden. Man interessiert sich für ihre Welt und ihre Belange. Im Anschluss an die Sitzung oder zu einem anderen Zeitpunkt können Sie natürlich auch über Dinge mit Ihren Kindern reden, die in der 20-Minuten-Sitzung zur Sprache gekommen sind und die im Leben zurzeit anstehen. Sie können auch außerhalb der Sitzung gemeinsam Probleme lösen, über die Ereignisse der letzten Woche sprechen oder entscheiden, welche Werte vielleicht zusätzlich aufgenommen werden sollen.

Einfacher Plan für eine 20-Minuten Sitzung

- Beginnen Sie mit einer herzlichen Begrüßung und damit, dass Sie gute Nachrichten (etwas, das man neulich gelernt oder erlebt hat) austauschen.
- Fragen Sie die letzte Woche ab: Was hat gut geklappt? Was weniger gut?
- Lösen Sie eventuelle aktuelle Störungen auf.
- Erkennen Sie die Bemühungen der anderen bezüglich bisheriger Ziele an und ermutigen Sie die Kinder zu neuen Herausforderungen.
- Benutzen Sie einen „Neugierwecker“, um das heutige Thema vorzustellen.
- Besprechen Sie den neuen „Wert der Woche“.

- Benutzen Sie W-Fragen. Beispiel: Wer hat so etwas schon mal gemacht? Hat jemand eine Idee, warum das gut ist? Wie wollen wir das umsetzen? Wann wollen wir beginnen? Usw.
- Lassen Sie alle im „Rollenspiel" den neuen Wert üben. Formulieren Sie eine klare Vereinbarung.
- Sammeln Sie neue Ideen oder Beiträge.
- Stellen Sie den aktuellen Kalender auf den Tisch, damit ihn jeder sehen kann.
- Danken Sie allen.

Ein Elternteil sollte den Vorsitz übernehmen und die 20-Minuten-Sitzung leiten. Stellen Sie Fragen wie „Worüber habt ihr euch diese Woche besonders gefreut?". Sprechen Sie dann darüber. Dann könnten Sie fragen: „Hat jemand ein Problem, das besprochen werden muss?" Ist das Problem kurzfristig zu lösen, dann aktuell abhaken. Wenn es länger dauert oder diskutiert werden muss, ist die 20-Minuten-Sitzung der falsche Ort. Aber unbedingt ernst nehmen und – dokumentarisch wichtig – aufschreiben.

Mütter, Väter und andere Erwachsene können abwechselnd die Rolle des Vorsitzenden übernehmen. In dieser Zeit können Sie mit Ihren Kindern Geduld, Rücksicht und Höflichkeit durch aufmerksames Zuhören üben. Die Rolle des Vorsitzenden ist deshalb wichtig, damit die Diskussion nicht in Vorwürfe und Beschuldigungen ausartet. Der Vorsitzende muss dafür sorgen, dass die Sitzung offen und liebevoll ist und bleibt.

Der Vorsitzende muss die Gefühle der anderen ernst nehmen. Erst wenn ein Mensch sich ernst genommen fühlt, kann er an die Problemlösung gehen. Als Vorsitzender gibt man die Konturen der Besprechung vor und achtet darauf, dass alles geordnet abläuft. Lösen Sie Probleme gemeinsam, auch den Jüngsten muss zugehört werden, denn auch sie, oder gerade sie, können hilfreiche Vorschläge liefern.

Beispiel: Gute Nachrichten teilen

Mutter als Vorsitzende: „Über was habt ihr euch diese Woche am meisten gefreut?“ Oder: „Was hat euch in dieser Woche gefreut?“

Mutter (bringt den Stein ins Rollen): „Ich nahm mir diese Woche Zeit, um ein neues Buch zu lesen. Ich freue mich, dass ich etwas für mich getan habe.“

Frida (7 Jahre alt): „Ich habe diese Woche zwei neue Freundinnen kennengelernt.“

Fritz (9 Jahre alt): „Mein Igel ist doch nicht gestorben. Das hat mich wirklich sehr gefreut.“

Vater: „Diese Woche bin ich zweimal zu Fuß zur Arbeit gegangen. Ich freue mich, etwas für die Umwelt getan zu haben, indem ich meinen Benzinverbrauch verringert habe.“

Beispiel: Störungen auflösen

Mutter/Vater: „Hat jemand ein Problem, das gelöst werden muss?“

Frida: „Ich hasse Fritz.“

Mutter/Vater: „Du hörst dich sehr böse an, Frida. Sei bitte spezifisch. Sag Fritz, worüber du dich geärgert hast. Sei ehrlich, versuche aber gleichzeitig, freundlich zu sein.“

Frida: „Ich hasse es, Fritz, wenn du meine Zeichnungen und Fotos durcheinanderbringst.“

Mutter/Vater: „Fritz, es muss hart sein zu hören, wie böse Frida ist. Es ist beschämend, oder? Möchtest du etwas dazu sagen?“

Fritz: „Ich wusste gar nicht, dass das ein Problem ist. Ich werde versuchen, besser aufzupassen.“

Frida: „Danke, Fritz.“

Beispiel: Anerkennung zeigen

Vater: „Ich möchte Fritz' Einsicht loben, als er hörte, was Frida aufgeregt hatte. Frida, du hast meine Anerkennung für deinen Mut und deine Ehrlichkeit, als du dich geäußert hast."

Anderer Elternteil: „Ich möchte sagen, dass Fritz eine ausgezeichnete Arbeit beim Aufräumen des Hofes und bei dem Ziel der Woche – Sauberkeit – geleistet hat. Der Hof sieht superordentlich aus."

Vater: „Frida, ich möchte meine Anerkennung für deine hervorragende Leistung beim Aufräumen zeigen. Du hast das Ziel der Woche – Sauberkeit – erreicht, indem du dafür gesorgt hast, dass immer der Esstisch in der Bibliothek sauber war. Du bemühst dich außerdem mehr um Sauberkeit, indem du daran denkst, dir deine Zähne zu putzen."

Wenn Vorsitzende der Sitzung dazu ermutigen, anderen Anerkennung zu zeigen, ist es natürlich auch wichtig, dass diese auf Gegenseitigkeit basiert. Kinder können auch ihre Eltern loben oder ihnen Feedback geben, wenn ihnen was gefallen hat – oder nicht gefallen hat. Dabei darf nicht vergessen werden, welche Rollenverteilung besteht. Kinder sind nicht verantwortlich dafür, ihre Eltern zu erziehen. Nach wie vor gilt, dass Eltern ihren Kindern helfen, Ziele zu erreichen, und sich nicht eine umgekehrte Rollenverteilung herausbildet.

Die erste Sitzung

Bekanntmachen mit dem Werte- und Zieleprogramm

Machen Sie den Erfolg des Projektes nicht alleine von den vorgeschlagenen Methoden abhängig. Sie wissen am besten, welche Methoden zu den Interessen und dem Alter Ihrer Kinder passen. Benutzen Sie die vorgeschlagenen Methoden als Starthilfe und ändern Sie die anderen Methoden so ab, dass sie zu Ihren Kindern passen. Ihre eigene Begeisterung und das Ausmaß Ihrer Anstrengung werden ausschlaggebend für den Erfolg sein.

Sehen Sie das 20-Minuten-Projekt als Übung für die Familie. Es kann auch Ihnen zu persönlichem Wachstum verhelfen, und nicht nur Ihren Kindern.

Startvorschläge

Eine bewährte Form der Gestaltung der ersten Sitzung ist es, die Kinder mit einem kleinen Plakat neugierig zu machen. Sie können am schwarzen Brett, der Memowand oder einer Tür auf den Termin hinweisen und damit die Spannung erhöhen.

Rituale

Die Entritualisierung des Familienlebens hat erzieherisch und vor allem entwicklungsbezogen viele Nachteile gebracht. Rituale sind kleine, liebevolle Gewohnheiten, die unseren Alltag positiv bereichern. Diese regelmäßigen Gewohnheiten bringen das Kinderleben in einen geordneten Ablauf und vermitteln dabei das beruhigende Gefühl von

Sicherheit. Wer an seine eigene Kindheit denkt, wird sich vermutlich gerne an liebevolle Rituale zurückerinnern: die regelmäßigen Spielabende, das sonntägliche Kaffeetrinken, vielleicht das gemeinsame Nachtgebet mit der Mutter, ein besonderer Abschiedsgruß oder die kleinen Geschenke vom Großvater. Und wie betrübt waren wir, wenn eine feste Gewohnheit nicht eingehalten wurde.

Kinder sind in den wechselhaften Phasen ihrer Entwicklung oft unsicher und orientierungslos. Gerade wenn sie mit Neuem, wie dem ersten Besuch des Kindergartens oder einem Geschwisterchen, konfrontiert werden, helfen Rituale, ihnen ein familiäres Gefühl der Geborgenheit zu vermitteln. Aber nicht nur in Krisenzeiten schätzen Kinder immer wiederkehrende Erlebnisse.

Alltagsrituale verstärken den Zusammenhalt innerhalb der Familie, heben das Selbstwertgefühl der Kinder und geben der gemeinsamen Zeit einen positiven Anstrich.

Hier einige Anregungen der Expertin Adelheid Fangrath, wie Sie außerhalb des 20-Minuten-Trainings Rituale in Ihren Erziehungsalltag einbauen können und bei Ihren Kindern damit das Gefühl der Sicherheit und Geborgenheit stärken.

Morgenrituale

Planen Sie morgens immer genug Zeit ein, um mit kleinen Ritualen den Morgen für die Kinder zu strukturieren. Ein optimaler Beginn des Tages ist eine heitere Zeremonie, die Kinder liebevoll aufzuwecken. Denken Sie daran: Kinder haben unterschiedliche Bedürfnisse. Manche schätzen eine stürmische Wuschel-Kuschel-Begrüßung, andere wollen lieber noch bei den Eltern ins Bett schlüpfen und andere möchten vorsichtig von dem Lieblingskuscheltier mit einem launigen Spruch geweckt werden.

Abendrituale

Viele Kinder schlafen schlecht ein, weil sie vom Tag überdreht sind oder sich vor der Dunkelheit fürchten. Ein gleichbleibender Ablauf erleichtert es Ihren Kindern, abzuschalten und sich auf die Nachtruhe einzustellen. Ein wundervolles Abendritual ist das Vorlesen. Auch ein Nachtgebet vermittelt ein Gefühl von Sicherheit und Geborgenheit. Die Möglichkeiten für Gute-Nacht-Rituale sind unbegrenzt, allerdings sollten die Kinder nicht zu sehr aufgeregt werden. Verschieben Sie also die Toberunde lieber auf einen anderen Zeitpunkt.

Wochenendrituale

Machen Sie aus dem Wochenende etwas Besonderes und leiten es mit einem entspannenden Ritual ein. Vielleicht kuscheln alle gemeinsam im Bett oder das gemeinsame Frühstück wird an einem besonderen Ort zelebriert. Das Wochenende ist eine gute Gelegenheit für alle Familienmitglieder, miteinander ins Gespräch zu kommen und sich austauschen. Jeder erzählt von den besonderen Erlebnissen in der Woche.

Vielleicht tagt auch der Familienrat und beschließt gemeinsame Unternehmungen. Am Wochenende darf sich der berufstätige Vater gemeinsame Rituale mit den Kinder ausdenken: Spielen Sie ein Spiel, machen Sie wilde Kissenschlachten oder gehen Sie auf den Sportplatz.

Feiertage und Jahreszeiten

Das Jahr bietet viele Anlässe, den Kindern die Kontinuität des Lebens zu vermitteln. Besondere Rituale helfen ihnen, zeitliche Strukturen zu erkennen und zu begreifen. Welche Rituale Sie umsetzen, bleibt Ihnen überlassen. Vielleicht füttern Sie im Winter die Vögel, stellen im Sommer das Planschbecken in den Garten, basteln mit Kastanien und verkürzen die Adventszeit mit einem Kalender.

Auch für Feiertage wie Ostern oder Weihnachten sollten Sie bestimmte Rituale einführen, die immer wieder auftauchen: Kirchgang, gemeinsam den Weihnachtsbaum oder die Räume schmücken, mit Glöckchen die Bescherung einläuten.

20-Minuten-Training

Auch für das 20-Minuten-Training haben sich Rituale bewährt. Es empfiehlt sich – abgesehen von Urlaubssituationen – die Sitzung immer an dem gleichen Platz durchzuführen, die gleichen Standardmaterialien zu benutzen und den Ablauf (siehe Anatomie) auch zu standardisieren. Auch hat es sich bewährt, den Tag und die Uhrzeit dauerhaft festzulegen. So können sich die Kinder darauf einstellen und sich auch schon im Vorfeld freuen und Gedanken machen.

Die Agenda einer 20-Minuten-Sitzung

Die Erfahrung hat gezeigt, dass es sich wirklich lohnt, an einer immer wiederkehrenden Reihenfolge und Durchführung der Minisitzung festzuhalten. Auch wenn es auf den ersten Blick fremd anmutet, mit den eigenen Familienmitgliedern eine solche formale Sitzung durchzuführen, hat doch die Rückmeldung vieler Übungsfamilien gezeigt, dass mit dem Einhalten von Formalitäten auch die Bedeutung wächst und damit die Umsetzungswahrscheinlichkeit und die Verbindlichkeit zunehmen. Orientieren Sie sich am besten an folgendem Agendavorschlag:

1. **Begrüßung**
   Beginnen Sie mit einer herzlichen Begrüßung und damit, dass Sie gute Nachrichten (etwas, das man neulich gelernt oder erlebt hat) austauschen.
   Beispiel: „Hallo alle zusammen. Schön, dass wir alle wieder zur Minisitzung hier zusammenkommen sind. Ich habe mit unserem letzten Thema tolle Erfahrungen gemacht. Ich hoffe Ihr auch."

2. **Fragen**

Fragen Sie die letzte Woche ab: Was hat gut geklappt? Was weniger gut?

Beispiel: „Letzte Woche hatten wir ja das Thema Freundlichkeit. Wie hat hat das denn geklappt. Berichtet doch einmal von eueren Erlebnissen. Wer fängt an?“ Hier ist es wichtig, unbedingt zu ermutigen – auch bei Misserfolgen.

3. **Störungen**

Lösen Sie eventuelle aktuelle Störungen auf.

Beispiel: „Ich habe heute gar keine Lust auf unsere Sitzung.“

Frage: „Was würdest du denn viel lieber machen?“
Antwort: „Fahrrad fahren.“
Frage: „Weißt du, wie lange genau unsere Sitzungen immer dauern?“
Antwort: „Ja – 20 lange Minuten.“
Frage: „Was hältst du davon, wenn wir heute ganz genau aufpassen, dass es nicht länger wird, und du darfst heute auch die Uhr stoppen, und wenn du willst, können wir ja nachher auch gemeinsam Fahrrad fahren.“
Antwort: „Oh ja, toll!“

Nehmen Sie auf alle Fälle Störungen ernst. Störungen haben Vorrang. Und versuchen Sie, die Störung konstruktiv und positiv aufzulösen.

4. **Ermutigung**

Erkennen Sie die Bemühungen der anderen bezüglich der bisherigen Ziele an und ermutigen Sie die Kinder zu neuen Herausforderungen. Verbale Ermutigung ist eine wichtige Voraussetzung für eine erfolgreiche Sitzung. Auch Teilerfolge müssen hervorgehoben und positiv beachtet werden.

Beispiel: „Fritz, die Art und Weise, wie du in dieser Woche das Thema Hilfsbereitschaft gelebt hast, als du Frida bei der Gartenarbeit geholfen hast, war vorbildlich.

Bezogen auf die ganze Woche kannst du das aber auch noch deutlich steigern!“

5. **Neugierwecker**
   Benutzen Sie immer einen „Neugierwecker“, um das aktuelle Thema vorzustellen. Ein Neugierwecker kann ein Quiz sein oder ein Geschenk. Auch Bilder und Geschichten eignen sich hervorragend, um Neugier auf das Thema zu wecken.
   Beispiel: „Schau mal, was ich hier für jeden mitgebracht habe (Sticker mit Smiley). Hat jemand eine Idee, wie das heutige Thema lauten könnte?“

6. **Das aktuelle Thema der Woche**
   Besprechen Sie hier die neue „Tugend der Woche“.
   Das aktuelle Thema der Woche ist das Kernstück der Sitzung. Es soll nicht nur mit einem Neugierwecker vorgestellt werden, sondern sich auch wie ein roter Faden durch die ganze Sitzung ziehen und in einer klaren und umsetzbaren Vereinbarung münden. Benutzen Sie W-Fragen. Beispiel: „Wer hat so etwas schon mal gemacht?“ „Hat jemand eine Idee, warum das gut ist?“ „Wie wollen wir das umsetzen?“ „Wann wollen wir beginnen?“ Usw.

7. **Übung**
   Praktische Übungen zum jeweiligen Thema erleichtern den Transfer in die Praxis.
   Lassen Sie zum Beispiel alle im Rollenspiel den neuen Wert üben.
   Siehe auch Abschnitt „Die Bedeutung der Übung“.

8. **Klare Vereinbarung**
   Formulieren Sie eine klare Vereinbarung. Achten Sie darauf, dass die Vereinbarung auch wirklich überprüfbar ist. „Wir werden ordentlicher sein!“ ist nicht wirklich überprüfbar. „Wir werden jeden Morgen das Bad erst verlassen, wenn die Handtücher wieder aufgehängt, das

Waschbecken ausgespült, die Zahnpastatube verschlossen und das Licht gelöscht ist ..." ist deutlich überprüfbar.

9. **Neue Vorschläge**
   Sammeln Sie neue Ideen oder Beiträge. Ermutigen Sie die Teilnehmer, im Alltag aufzupassen und Ideen auszusprechen.
   Stellen Sie den aktuellen Kalender auf den Tisch, damit ihn jeder sehen kann.

10. **Abschluss**
    Danken Sie allen Teilnehmern. Hier kann und sollte noch mal betont werden, wie toll es ist, dass eine solche Minisitzung stattfindet und das „man" sich schon auf die nächste Sitzung freuen kann.

Die Bedeutung der Eröffnung

Die Anfangsphase in einer 20-Minuten Sitzung läuft zu ca. 80 bis 85 Prozent auf der Beziehungsebene ab. Der Eröffnung kommt eine enorme Bedeutung zu, da sie eine Situation allseitiger emotionaler Unsicherheit ist. Jetzt werden die Weichen für die Aufnahmebereitschaft der Kinder (Teilnehmer) gestellt.

Zu diesem Zeitpunkt entscheidet sich, ob Bedürfnisse und Erwartungen offen und ehrlich geäußert werden, damit der/die Vorsitzende diese berücksichtigen kann. Nur dann kann die Sitzung erfolgreich verlaufen. Erst wenn auf der Beziehungsebene alles stimmt, beginnt die Minisitzung.

Kinder, die mit einer solchen neuen Form des Miteinanders konfrontiert werden, sind oft gespannt und angespannt zugleich, fühlen sich unsicher, sind aber auch neugierig. Sie fragen sich (abhängig vom Alter):

- Was erwartet mich hier?
- Welche Aufgaben soll ich lösen?
- Finde ich Anerkennung?
- Kann ich so sein, wie ich bin, oder muss ich mich verstellen?
- Bin ich der Sache überhaupt gewachsen?

In dieser eher schlecht einschätzbaren Anfangssituation einer Minisitzung dürfen die kindlichen Grundbedürfnisse nach Sicherheit, Kontakt und Anerkennung keinesfalls unterschätzt werden. Sie müssen zufriedengestellt werden, um wirklich Lernerfolge zu erzielen. Zur Strukturierung der Anfangssituation sind spielerische Übungen am besten geeignet. Dadurch ist es möglich, schnell die Ängste ab- und Sicherheit aufzubauen.

Folgende Aspekt sollten in der Anfangsphase beachtet werden:

1. Benutzen Sie immer einen **Neugierwecker**, der zum aktuellen Thema passt. Das kann eine Geschichte sein, ein Bild, ein Quiz oder sogar ein Geschenk.
2. Wählen Sie einen **Ort** für die Sitzung aus, von dem Sie wissen, dass die Kinder dort gerne sitzen oder sich aufhalten.
3. **Austausch von Informationen**: Sprechen Sie über mögliche Ängste oder Sorgen (Klärung von Motiven, Erwartungen, Befürchtungen).
4. **Strukturierung und Planung**: (Ablauf des Meetings, Anfang, Ende): Machen Sie gleich deutlich, dass es wieder nur 20 Minuten dauert, und zwingen Sie sich, immer pünktlich fertig zu sein.

Die Bedeutung der Übung in der Sitzung

Durch die Erkenntnisse der Neurowissenschaften, insbesondere zu den Spiegelneuronen, wird die Übung in der Minisitzung zum zentralen Element. So oft wie möglich sollten in der Sitzung praktische Übungen eingebaut werden. Das Rollenspiel hat hier eine besondere Bedeutung. Beispiele zum Thema Freundlichkeit:

Wir üben jetzt einmal alle das freundliche Gesicht.
Jetzt üben wir mal der Reihe nach die freundliche Stimme.
Und jetzt üben wir einmal die freundliche Körperhaltung.

Diese praktischen Übungen machen in der Regel sehr viel Spaß und verbinden auf der emotionalen Ebene das Gelernte beziehungsweise das angesprochene Thema mit der Umsetzung in der kommenden Woche. Bei manchen Themen ist es nicht so ganz einfach, gleich eine passende Übung zu finden. Aber die Kreativität der Beteiligten kann hier oft weiterhelfen.

Die Bedeutung der Abschlussphase und der klaren Vereinbarung

Die Abschlussphase der 20-Minuten-Sitzung kann unterteilt werden in einen inhaltlichen, einen emotionalen und einen organisatorischen Abschluss. Der jeweilige Verantwortliche sollte für jede dieser Phasen methodische oder symbolische Ausdrucksmöglichkeiten bereithalten. Abschluss und Vereinbarung müssen den Wünschen, Interessen und gewohnten Ritualen der Kinder entsprechen. Zeit für die eine oder andere Nachfrage muss mit eingeplant werden.

Der inhaltliche Abschluss der 20-Minuten-Sitzung

Dieser Abschnitt der Sitzung sollte mit den Teilnehmern zusammen erarbeitet werden, um eine hohe Identifikation zu erreichen und die Umsetzung beziehungsweise den Transfer zu erleichtern.

Zum inhaltlichen Abschluss zählen:

- Zusammenfassung der Zielsetzung (Beispiel: „Das Thema heute war Freundlichkeit.")
- Umsetzung formulieren (Beispiel: „Ab heute üben wir zuerst das freundliche Gesicht.")
- Transfer des Themas der Woche auf die Alltagssituation (Beispiel: „Besonders morgens sind wir freundlich.")
- Das entsprechende Plakat auf den Tisch stellen.

Der emotionale Abschluss der 20-Minuten-Sitzung

Parallel zur inhaltlichen Zusammenarbeit in der Sitzung entwickeln sich zwischen den Teilnehmern Emotionen, welche die Stimmungen, Wünsche, Ängste, Erwartungen und Umsetzungsprozesse in der Gruppe stark beeinflussen. Auch dieser Teil des Gruppenlebens muss abgeschlossen werden. Je aufregender das Thema war, desto aufmerksamer muss man sich dem emotionalen Abschluss widmen.

Zum emotionalen Abschluss gehören:

- Gegenseitiges Feedback auf der Beziehungsebene (Beispiel: „Toll, dass wir trotz Schwierigkeiten eine verbindliche Vereinbarung treffen konnten.")
- Fantasiereise/Meditation zur emotionalen Verankerung des Erlebten und Gelernten
  (Beispiel: Kurz eine typische Umsetzungssituation schildern.)

- Gemeinsamer Ausklang, Schlusskreis, Überreichung von Symbolen
  (Beispiel: Beim aktuellen Thema Freundlichkeit könnte zum Beispiel jeder einen Smiley als Anstecker bekommen.)

Der organisatorische Abschluss der 20-Minuten-Sitzung

Der Abschied von dem Ort, an dem die Sitzung stattgefunden hat, wird vollzogen. Nun kann man das Auseinandergehen der Beteiligten organisatorisch vorbereiten.

Dazu können folgende Punkte gehören:

- Nächsten Termin festlegen
- Das Thema nächste Woche lautet ...
- Geschirr, Kaffee, Gebäck etc. gemeinsam abräumen
- Verabschiedung

Schritt 3

Werte und Tugenden

„Die heutige Jugend ist von Grund auf verdorben, sie ist böse und faul und sie wird niemals so sein wie die Jugend vorher und es wird ihnen niemals gelingen, unsere Werte zu erhalten.“

Babylonische Tontafel, (geschätztes Alter ca. 3000 Jahre)

Die sechs Tugenden

Martin Seligman, der Begründer der Positiven Psychologie, hat gemeinsam mit seiner Kollegin Katherine Dahlsgaard neben Aristoteles und Platon, Thomas v. Aquin, Augustinus, dem Alten Testament, dem Talmud, Konfuzius, Buddha, Laotse, Bushido (dem Samurai-Code), dem Koran, Benjamin Franklin und den Upanischaden mehr als 200 Tugend-Kataloge untersucht und herausgearbeitet, dass all diese Ansätze – verteilt auf über 3000 Jahre und die gesamte Erdoberfläche – sechs Grundtugenden unterstützen:

- Weisheit und Wissen
- Mut
- Liebe und Humanität
- Gerechtigkeit
- Mäßigung
- Spiritualität und Transzendenz

Für Seligman strebt ein tugendhafter Mensch danach, die meisten der sechs Tugenden auszuüben. Die Zugänge zu diesen Tugenden nennt er Stärken und im Unterschied zu den eher abstrakten Tugenden kann jede dieser Stärken (die in fast allen Kulturen zu finden sind) gemessen und erworben werden. Er nennt einige Kritierien, aufgrund deren wir wissen, dass ein bestimmtes Charaktermerkmal eine Stärke ist:

1. Eine Stärke kann zu verschiedenen Zeitpunkten in verschiedenen Situationen erkannt werden. So ist eine zum Beispiel einmalig auftretende Freundlichkeit noch keine Stärke.
2. Eine Stärke ist ein Wert an sich und bringt gute Folgen hervor.
3. Stärken können an dem erkannt werden, was Eltern sich für ihr Neugeborenes wünschen.
4. Stärke zu zeigen erzeugt bei dem Handelnden in der Regel authentische positive Emotionen.
5. Die Kultur unterstützt Stärken dadurch, dass sie uns Institutionen, Rituale, Rollenvorbilder, Gleichnisse, Lebensregeln und Geschichten für Kinder bietet.

Die sechs Tugenden und die jeweils zugeordneten Charakterstärken sind die Hintergrundfolie für unsere 20-Minuten-Erziehung.

Wissen und Weisheit

Neugier

Neugier – Interesse an der Umwelt haben

„Wer nicht neugierig ist, erfährt nichts."

Johann Wolfgang von Goethe (1749–1832), deutscher Dichter

Was ist Neugier?

Neugier ist das allgemeine Bedürfnis, etwas zu lernen. Wird dieses Bedürfnis befriedigt, kann man sich einem zufriedenen „Staunen" hingeben. Bleibt es unerfüllt, fühlt man sich unausgefüllt und weiterhin „wissbegierig". Neugier zeigt sich im Wesentlichen in der Freude am intellektuellen Fragen und im Durchschauen-Wollen von Zusammenhängen. Sehr neugierige Menschen versuchen vor allem, die Dinge ihres Lebens zu verstehen. Sie sind der Wahrheit und allen Diskussionen gegenüber sehr aufgeschlossen. Evolutionäre Grundlage dafür: Tiere profitieren bei ihrer Nahrungssuche und bei ihrer Verteidigung, wenn sie ihre Umgebung sehr genau auskundschaften.

Im Gegensatz dazu interessieren sich Nicht-Neugierige für solche Fragen kaum und sie versuchen, geistige Anstrengungen zu vermeiden.

Warum soll man neugierig sein?

Neugier ist letztlich Wissbegierde: Der Wunsch, etwas über die Welt oder sich selbst zu erfahren und Wissen zu erwerben, ist für viele Menschen eine der größten Freuden im Leben. Neugier kann sich in Reiselust ausdrücken oder in den intellektuellen Bedürfnissen des Lesens, Schreibens oder Reflektierens. Die Wissbegierde kann auch durch anspruchsvolle Spiele wie Bridge oder Schach befriedigt werden.

Sehr stark Wissensdurstige möchten immer alles wissen und erfahren. Die Suche nach Wahrheit ist ihre Hauptmotivation. Unter etwas anderen Vorzeichen beruht auch die Kulturgeschichte des Menschen auf diesem Streben nach Wissen.

Neugier darf man nicht mit Intelligenz verwechseln: Alle empirischen Daten zeigen, dass Neugier und Intelligenz so gut wie nichts miteinander zu tun haben. Intelligenz bezieht sich auf die Fähigkeit, gut und schnell zu lernen, Neugier dagegen drückt aus, wie viel Freude das Lernen und Wissen einem Menschen bereitet.

Wie ist man neugierig?

Öffne dich für neue Erfahrungen. Versuche, dir täglich Informationen und Wissen anzueignen. Die passive Aufnahme von Informationen, wie zum Beispiel als „Couch Potato" vor dem Fernsehgerät mit der Fernbedienung hin- und herzuzappen, fördert nicht die Charakterstärke Neugier. Du kannst Wissensspiele mit Freunden oder den Eltern spielen. Wenn du etwas nicht verstanden hast, dann frage. Etwas nicht zu wissen ist keine Schande, aber Neues nicht zu ergründen oder aus Scham nicht zu fragen, das ist nicht sehr konstruktiv.

Der Weg des Erfolges

Selbstverpflichtung: Ich bemühe mich ...

... die alltäglichen Chancen zu nutzen, um mir Wissen anzueignen und meine Weisheit im Gespräch mit vielen älteren Menschen zu entwickeln.

Die **20-Minuten** Erziehung

Tugend der Woche

NEUGIER

- *Ich frage nach!*
- *Ich schaue nach!*
- *Ich erkläre Zusammenhänge!*
- *Ich höre zu!*

mehr Glück
mehr Frieden
mehr Harmonie

Kreativität

„Das Wesen des kreativen Prozesses ist, das Vertraute als fremd zu betrachten."

Unbekannt

Kreativität – neue Wege finden

„Ich war ein junges Mädchen, beinahe noch ein Kind, meine traumhaften Ansichten wechselten wie Aprilwetter; aber eines stand immer klar und felsenfest in mir: die Überzeugung, daß ich nicht über die Erde schreiten werde, ohne ihr eine wenigstens leise Spur meiner Schritte eingeprägt zu haben."

Marie von Ebner-Eschenbach (1830–1916), österreichische Schriftstellerin

Was ist Kreativität?

Kreativität bezeichnet die anscheinend in uns allen angelegte Fähigkeit, neue Probleme durch die Anwendung erworbener Fähigkeiten zu lösen. Die Anwendung erworbener Fähigkeiten auf ein neues Problem wird als kreativer Prozess bezeichnet. Gerade in einer sich schnell wandelnden Welt wird Kreativität zunehmend wichtig. Die Erforschung kreativer Prozesse und ihrer Beherrschbarkeit und Berechenbarkeit gewinnt zunehmend an Bedeutung.

Wir wissen es schon lange: Jeder Mensch ist einzigartig. Dein Gengemisch, diese Ansammlung von Begabungen, Talenten und Tugenden, gibt es nur ein einziges Mal auf dieser Welt. Die Charakterstärke Kreativität ist das Ticket, um deine Ideen und Einflüsse in diese Welt zu tragen und zu zeigen, was in dir steckt. Kreativität lässt deinen Ideen freien Lauf, um etwas für diese Welt zu schaffen und damit du nicht in Vergessenheit gerätst.

Kreativ sein heißt, etwas Neues zu erschaffen, etwas, das deine Duftnote trägt. Sie gibt dir Ausdruck, um das nach außen zu tragen was du gerne mit anderen teilen möchtest. Das kann Kunst sein, zum Beispiel Musik, Tanz oder Zeichnen. Dein inneres Licht strahlt, um deine Begabung anderen zu zeigen.

Kreativität kann sich in allen möglichen Formen äußern, die zur Verbesserung der Lebensfreude beitragen. Kreativ sein heißt, Dinge mit anderen Augen zu betrachten, deine Sichtweise zu ändern und diese dann in irgendeiner Art und Weise zum Ausdruck zu bringen. Du kannst auch schon bestehende, alte Dinge neu betrachten und auf eine frische Art anders präsentieren.

Kreativität wird am deutlichsten, wenn du etwas produzierst, das anderen zugute kommt. Kreativität heißt, deine besonderen Begabungen mit der Welt zu teilen.

Warum soll man kreativ sein?

Vermutlich wäre die Welt nicht das, was sie ist, ohne die Kreativität unserer Vorfahren. Ohne Fortschritt wäre unser Alltag schwer zu bewältigen. Vermutlich würden wir noch in der Höhle wohnen oder zu Fuß auf die Jagd gehen, um uns und unsere Familie ernähren zu können. Wir sind jedoch umgeben von kreativen Erfindungen und daraus folgenden technischen Errungenschaften. Jedes Zeitalter hatte seine kreativen Köpfe und so sind wir mit Recht, wie der Alltagsphilosoph Loriot einmal gesagt hat, „das einzige Lebewesen auf diesem Planeten, dem es gelingt, bei einem Flug in 10.000 Meter Höhe auch noch eine warme Mahlzeit zu sich zu nehmen“.

Aber es sind nicht nur die technischen oder materiellen Erfindungen, die uns das Leben erleichtern. Auch in der Kultur ist überall Kreativität, durch die wir das Leben genießen. Gemälde, Zeichnungen, Grafiken, Statuen und Skulpturen und Gedichte helfen uns dabei. Kunstwerke sind der Ausdruck kreativer Personen, welche die Menschheit bereichert haben.

Wenn wir kreativ aufeinander zugehen und unsere Ideen miteinander teilen, können wir vieles im Leben verbessern. Kreative Wissenschaftler können an neuen Heilmethoden forschen und Krankheiten heilen.

Wie ist man kreativ?

Kreativ bist du, wenn du deine Begabung nach Kräften entwickelst.

Zuerst musst du herausfinden, was du gerne machst, um festzustellen, welche Begabungen du besitzt. Dann lernst du, deine Begabungen und Talente zu entwickeln, sodass du immer besser wirst.

Kreativität setzt Fähigkeiten voraus. Wenn du eine Vision von dem hast, was du erschaffen möchtest, musst du einen Weg finden, um diese Vision zur Realität zu machen. Deine Vision könnte eine Geschichte, ein Bild, ein Tanz, ein Lied oder eine neue Erfindung sein. Indem du Zeichnen lernst, Musik- oder Tanzunterricht nimmst, erwirbst du die erforderlichen Fähigkeiten, um kreativ zu sein.

Wenn du kreativ bist, machst du gewöhnliche Dinge ein klein wenig anders. Wenn du eine Bäckerei kennst, die besonders leckeres Brot verkauft, dann liegt das an der Kreativität des Bäckers. Er macht zwar nur gewöhnliches Brot, doch schmeckt es irgendwie besser. Es ist dieser kleine Unterschied, der die Qualität ausmacht.

Mache anderen nicht alles nach, sondern lerne, für dich selbst zu denken und möglicherweise noch Verbesserungen mit einzubringen. Wenn jemand dir sagt, dass etwas typisch für DICH ist, dann warst du besonders kreativ.

Der Weg des Erfolges

Selbstverpflichtung: Ich bemühe mich ...

... die Ressourcen, die mir zur Verfügung gestellt sind, zu entdecken und mein Wissen und meine Ausbildung zu benutzen, um mich weiterzuentwickeln.

Die **20-Minuten** Erziehung

Tugend der Woche

KREATIVITÄT

- *Heute werde ich versuchen, Situationen aus einer anderen Perspektive zu betrachten.*
- *Ich werde heute etwas Alltägliches anders machen als sonst, um eine neue Sichtweise zu erhalten.*
- *Ich übe mich in Spontanentscheidungen.*
- *Ich suche neue Lösungen.*

mehr Glück
mehr Frieden
mehr Harmonie

Toleranz

Toleranz

„Ich fand, daß es für alle irdischen Streitigkeiten nur einen Ausweg gibt: die Toleranz. Und dass sie nur einer einzigen Gesinnung gegenüber nicht angewandt werden darf: der Intoleranz."

Bruno Walter (1876–1958), eigentlich Walter Schlesinger, deutscher Dirigent

Was ist Toleranz?

Toleranz ist die Fähigkeit, Dinge zu akzeptieren, obwohl du dir wünschst, sie wären anders. Du lässt dich nicht durch deine eigene Überzeugung in die Irre führen, denn du weißt, dass Wahrnehmung subjektiv ist. Einigen Leuten fällt es schwer, überhaupt etwas zu akzeptieren, das ihren Wünschen nicht genau entspricht. Sie regen sich auf und schäumen vor Wut, wenn es ihnen zu heiß oder zu kalt ist, zu laut oder zu still oder wenn ihnen etwas zu lange dauert.

Bist du tolerant, dann akzeptierst du die Dinge, wie sie sind. Es stört dich nicht, dass du im Restaurant fünf Minuten länger auf dein Essen warten musst oder wenn dein Bruder morgens zu lange duscht. Die Dinge sind, wie sie sind. Natürlich kann man versuchen, manchen Situationen aus dem Weg zu gehen oder sie zu verbessern, doch solltest du nicht enttäuscht sein, wenn es anders kommt, als du erwartet hast.

Wenn du tolerant bist, kannst du zwischen dem Wesentlichen und dem Unwesentlichen unterscheiden. Du hast Geduld und verzeihst gerne, wenn andere Fehler machen. Was du nicht ändern kannst, akzeptierst du mit Fassung.

Warum soll man Toleranz üben?

Intolerante Menschen sind selten offen für neue Dinge. Sie haben stets eine Erwartungshaltung gegenüber anderen Menschen und Situationen und können nur selten akzeptieren, wenn Menschen eine andere Sichtweise haben als sie selbst.

Wenn du tolerant bist, hast du in schwierigen Situationen die Kraft, daraus zu lernen. Du kannst immer aus neuen Situationen lernen. Wenn du tolerant und offen für Neues bist, wirst du eine gute Balance im Leben finden.

Menschen, die tolerant sind, lassen viel Platz für Leben und Wachstum. Wenn ihnen etwas an einem anderen nicht passt, dann ignorieren sie es, entweder aus Liebe oder aus Freundschaft. Somit haben sie viele Möglichkeiten, an sich zu arbeiten, nicht weil sie es müssen, sondern weil sie es wollen. Wenn sie tolerant sind, dann lassen sie sich nicht durch Unterschiede entzweien.

Wie übt man Toleranz?

In der amerikanischen Sprache gibt es ein Sprichwort, das lautet: „Change it, love it or leave it!" Damit ist gemeint:

Wenn du die Umstände nicht ändern kannst, musst du die Einstellung zu den Umständen ändern. Wenn das nicht geht, dann musst du weiterziehen. Manche Dinge im Leben sind einfach so, wie sie sind, deshalb macht es wenig Sinn, sich über Umstände aufzuregen. Als toleranter Mensch weißt du dir zu helfen. Du siehst in allem etwas Positives. Natürlich ist es nicht immer einfach, in negativen Momenten die Fassung zu bewahren. Doch du kannst es üben, indem du versuchst, eine positive Grundhaltung aufzubauen.

Toleranz hat aber nichts mit Passivität zu tun. Wenn du eine Ungerechtigkeit entdeckst, musst du dies nicht immer tolerieren. Es gilt abzuwägen, wie wichtig die Situation ist und wie groß der Aufwand wäre, etwas daran zu ändern. Der richtige Zeitpunkt für Toleranz ist dann, wenn du meinst, die Sache ist nicht so wichtig oder es ist nicht deine Angelegenheit, die Situation zu ändern.

Der Weg des Erfolges

Selbstverpflichtung: Ich bemühe mich ...

... besonders dann, wenn ich eine andere Ansicht vertrete, die Sichtweise meiner Mitmenschen zu akzeptieren und Dinge zu tolerieren, die ich nicht ändern kann.

Die **20-Minuten** Erziehung

Tugend der Woche

TOLERANZ

- *Ich akzeptiere, dass meine Sichtweise subjektiv ist.*
- *Ich akzeptiere die Wünsche anderer!*
- *Ich akzeptiere die Dinge, wie sie sind.*
- *Ich habe Geduld und verzeihe Fehler.*

mehr Glück
mehr Frieden
mehr Harmonie

Entschlossenheit

Entschlossenheit

„Der Edle wirkt nicht immer gleich: Aus der Ferne erscheint er streng, im Umgang ist er freundlich, in seinen Worten wirkt er fest und entschlossen.“

Konfuzius (551–479 v.Chr.), chinesischer Philosoph, bestimmend für die Gesellschafts- und Sozialordnung Chinas

Was ist Entschlossenheit?

Entschlossenheit ist die Konzentration deiner Energie auf eine bestimmte Aufgabe. Du bündelst deine Bemühungen, um eine Aufgabe zu beenden, so schwierig sie auch sei. Entschlossenheit ist der Einsatz deines Willens, um etwas zu tun, das du dir vorgenommen hast. Egal wie oft du scheiterst, du versuchst es immer wieder, bis du eine Lösung gefunden hast.

Wenn du entschlossen bist, bist du breit, Dinge zu vollenden. Sie werden die wichtigste Aufgabe für dich, denn es erfüllt dich mit Stolz, Dinge im abgeschlossenen Zustand zu sehen. Jede Aufgabe bekommt höchste Priorität und durch die Vollendung bekommst du ein starkes Gefühl der Befriedigung.

Entschlossenheit bedeutet, dass du immer weitermachst, so schwer es dir auch fällt. Wenn du einmal nicht weiterkommst, weißt du dir zu helfen, indem du nach Hilfe fragst oder dir so viel Wissen aneignest, bis du weitermachen kannst. Du hörst erst auf, wenn du fertig bist.

Warum soll man Entschlossenheit zeigen?

Unentschlossene Menschen geben schnell auf. Wenn sie etwas nicht finden oder ein Problem nicht beheben können, belassen sie es eher dabei, als dass sie es wieder und wieder versuchen. Sie sind nicht in der Lage, um Hilfe zu bitten, wenn sie sie brauchen, sondern warten, bis vielleicht jemand anders das Problem löst.

Viele Menschen verlassen sich dabei auf den Druck von anderen. Sie fangen erst an zu handeln, wenn etwas auf dem Spiel steht. Unentschlossene Kinder räumen ihr Zimmer nur auf, wenn ihnen mit Hausarrest gedroht wird. Hausarrest wäre in diesem Fall eine fragliche Vorgehensweise, denn dadurch nehmen Eltern ihren Kindern die Möglichkeit, entschlossen zu handeln. Dennoch greifen viele Eltern aus Unwissenheit zu Maßnahmen dieser Art. Irgendwann räumen Kinder ihr schmutziges Geschirr nur dann ab, wenn sie Ärger bekommen, oder machen ihre Hausaufgaben nur, wenn sie ansonsten bestraft werden.

Für Entschlossene ist selbst die härteste Aufgabe eine willkommene Herausforderung. Entschlossene Menschen sind „Anpacker" – Menschen, die ihre Welt und die Welt der anderen verändern.

Wie übt man Entschlossenheit?

Um entschlossen handeln zu können, musst du dir überlegen, was dir wichtig ist. Was möchtest du gerne vollenden? Du fokussierst deine Aufmerksamkeit auf dieses eine Thema und lässt dich von nichts und niemandem ablenken. Du räumst die Hindernisse aus dem Weg, um erfolgreich an deinem Projekt zu arbeiten. Du bleibst entschlossen.

Wenn du Hilfe brauchst, hast du keine Hemmungen, darum zu bitten, denn du möchtest diese Sache um jeden Preis fertigstellen. Wenn du mit deiner bisherigen Vorgehensweise nicht mehr weiterkommst, reflektierst du, was du ändern könntest, um schneller und effektiver voranzukommen. Du setzt dich mit allem auseinander, was mit dieser Sache zu tun hat, und bist bereit, deine Zeit dafür zu investieren.

Der Weg des Erfolges

Selbstverpflichtung: Ich bemühe mich …

… täglich meinen ISH (inneren Schweinehund) zu überwinden und gerade die Dinge, die ich gerne vernachlässigen würde, entschlossen anzupacken.

Die **20-Minuten** Erziehung

Tugend der Woche

ENTSCHLOSSENHEIT

- *Ich gebe nicht auf, egal wie aussichtslos die Situation erscheint!*
- *Ich visualisiere mein Ziel und bewege mich konstant darauf zu!*
- *Ich versuche, mein Ziel um jeden Preis zu erreichen!*
- *Mein Fokus ist auf meine jeweilige Aufgabe fixiert und ich lasse mich durch nichts ablenken!*

mehr Glück
mehr Frieden
mehr Harmonie

Zielstrebigkeit

Zielstrebigkeit

„Fleiß für die falschen Ziele ist noch schädlicher als Faulheit für die richtigen.“

Peter Bamm (1897–1975), eigentlich Curt Emmrich, deutscher Arzt und Schriftsteller

Was ist Zielstrebigkeit?

Zielstrebig zu sein ist nicht immer einfach, doch genau deswegen ist es eine Tugend, die in deinem Leben eine große Bedeutung hat. Zielstrebig zu sein bedeutet: Du lässt dich nicht von deinem Ziel abbringen. Du visualisierst, was du erreichen möchtest, und lässt dich nicht ablenken von Dingen, die mit der Sache nichts zu tun haben. Wenn du eine Hausarbeit schreibst, nimmst du dir vor, diese bis zu einer bestimmten Zeit fertig zu haben, und lässt dich durch nichts von dem abbringen, was noch zu tun ist. Du hast dein Ziel und deine Zwischenziele ständig vor Augen. Du lässt nicht zu, dass äußere Umstände dich ablenken, sei es ein Telefonanruf oder eine „instant message“ von einem Freund.

Menschen, die nicht zielstrebig arbeiten, lassen alles oder vieles einfach auf sich zukommen. Sie handeln erst, wenn sie müssen. Diese Einstellung hat direkte Auswirkungen auf viele Dinge des Alltags: Hausaufgaben werden zum Beispiel auf „den letzten Drücker“ schnell erledigt, worunter dann logischerweise die Qualität leidet.

Warum ist Zielstrebigkeit wichtig?

Wenn du nicht zielstrebig bist, wirst du dich früher oder später verzetteln. Du wirst durcheinanderkommen, weil du nicht mehr weißt, was genau du machen wolltest oder welches die nächsten Schritte zum Ziel sind. Ohne Zielbewusstsein wirst du vielleicht irgendwann aufwachen und dich fragen, was du überhaupt mit deinem Leben machst.

Viele Menschen haben ihre Routinen. Sie stehen morgens um 6 Uhr auf, machen sich frisch und fahren zur Arbeit. Pünktlich um 12 Uhr dürfen sie für 30 Minuten Mittagspause machen, essen eine Kleinigkeit (jeden Mittwoch gibt es Spaghetti) und setzen sich wieder an ihren Arbeitsplatz. Um 18 Uhr packen sie dann ihre Unterlagen zusammen und fahren nach Hause. Zu Hause erwartet sie das tägliche Einerlei, das sie seit Jahren begleitet, wie zum Beispiel das Fernsehen. Am nächsten Morgen geht alles von Neuem los!

Diese Menschen machen tagein, tagaus dasselbe – ohne ein größeres Ziel zu haben. Möchten sie befördert werden? Mögen sie ihren Job überhaupt? Wollten sie so eine Familie? Diese Menschen müssen sich irgendwann fragen, was sie eigentlich von ihrem Leben erhofft haben. Planung ist nicht nur für die kleinen Dinge im Leben wichtig, sondern auch für die großen Dinge – die Lebensplanung.

Wie übt man Zielstrebigkeit?

Zielstrebigkeit fängt damit an, dass ich mir überlege, was ich erreichen möchte. Welche Ziele habe ich? Möchte ich an einem sonnigen Ort leben? Möchte ich eine Familie gründen? Möchte ich ein großes Auto fahren? Vollkommen egal, wie die Ziele aussehen, der Prozess ist immer derselbe.

Ich muss überlegen, wie die Zwischenziele lauten und wie ich diese erreiche. Im Prinzip teile ich den Weg zum großen Ziel in viele kleine Schritte auf. Wenn ich also ein großes Auto fahren möchte, dann muss ich viel Geld verdienen. Um viel Geld zu verdienen, sollte ich einen gut bezahlten Job haben. Wo finde ich einen solchen Job? Bin ich überhaupt für so eine Leistung qualifiziert? Muss ich erst eine Ausbildung machen? Wo mache ich so eine Ausbildung? Und so weiter ...

Das sind die Zwischenziele, die wir bei jedem größeren Ziel haben sollten. Auf einmal fällt es viel leichter, zielstrebig zu sein, denn das Ziel scheint gar nicht mehr so unmöglich. Stattdessen sind es jetzt viele kleine Ziele, die alle irgendwie zu erreichen sind.

Der Weg des Erfolges

Selbstverpflichtung: Ich bemühe mich …

… zukünftig meine Ziele klar zu formulieren und sie – auch gegen Widerstände – entschlossen anzustreben.

Die **20-Minuten** Erziehung

Tugend der Woche

ZIELSTREBIGKEIT

- *Meine Augen sind auf das Ziel gerichtet. Alles, was ich mir heute vornehme, werde ich auch erledigen!*
- *Ich lasse mich nicht durch Worte oder Bedenken anderer von meinem Ziel abbringen!*
- *Heute nehme ich mir ein Projekt vor und werde es pünktlich beenden, um meine Zielstrebigkeit zu üben!*
- *Ich formuliere auch langfristige Ziele und verfolge sie täglich!*

mehr Glück

mehr Frieden

mehr Harmonie

Mut

Tapferkeit

Tapferkeit

„Kein Kämpfer kann großen Mut zum Kampf mitbringen, der noch niemals schwarz und blau geschlagen worden ist.
Der aber, der, so oft er fiel, trotziger wieder aufstand, der steigt mit großer Hoffnung in den Ring."

Lucius Annaeus Seneca (4 v.Chr.–65 n.Chr.), römischer Philosoph und Dichter

Was ist Tapferkeit?

Tapferkeit ist das Handeln und das Vollenden von Taten, die gemacht werden müssen. Tapferkeit ist persönliche Tapferkeit trotz Angst. Wer tapfer ist, bleibt in beängstigenden Situationen standhaft, er hat sein Ziel stets vor seinem inneren Auge und weicht nicht, selbst wenn er Angst verspürt.

Manchmal kann es mutig sein, eine Gefahr zu erkennen und trotzdem standhaft zu sein. „Mut" kann aber auch darin bestehen einen Schritt zurückzugehen. Tapfer sein heißt nicht, unnötige Risiken einzugehen, um den Eindruck zu erwecken, du seist tapfer. Du brauchst Tapferkeit immer dann, wenn du Neues ausprobieren möchtest, Dinge, die du zuvor noch nie gemacht hast und schwierig zu bewerkstelligen sind. Du brauchst Tapferkeit, wenn du gescheitert bist und es neu versuchen möchtest. Du musst über dir stehen und äußere Kommentare ausblenden. Beweise Mut zum Weitermachen, wenn du weißt, dass du das Richtige tust, selbst wenn andere dich auslachen oder beschimpfen. Du bist tapfer, wenn du für das kämpfst, wovon du selbst überzeugt bist.

Tapferkeit ist eine Qualität des Herzens. Tapferkeit kommt wirklich von dem, was du im Herzen fühlst, und nicht nur von dem, was du denkst. Tapferkeit entsteht, wenn du dich kennst und wenn du tief im Herzen weißt, dass du etwas machen kannst und sollst.

Liebe und der Glaube an etwas oder jemanden kann dir Tapferkeit schenken, denn sie helfen dir, deiner Überzeugung Ausdruck zu verleihen. Sie können deinen Ängsten Einhalt gebieten und dich deinen Weg gehen lassen.

Warum soll man tapfer sein?

Tapferkeit brauchst du besonders dann, wenn du dich ängstlich und unsicher fühlst. Zeiten, in denen du nicht weißt, was du genau möchtest, und einen kleinen „Schubser" brauchst. Tapferkeit hilft dir Großartiges zu leisten und Gefahren einzugehen, aber auch zu überwinden.

Ohne Tapferkeit würde jeder nur das machen, was leicht ist. Niemand würde etwas Neues und anscheinend Schwieriges ausprobieren. Jeder würde genau das machen, was die anderen auch tun, um zu verhindern, dass er sich hervorhebt. Auch dann, wenn das, was die anderen tun, falsch ist. Die Menschen würden alles vermeiden, was ihnen schwierig oder beängstigend erscheint.

Wie zeigt man Tapferkeit ?

Du bist tapfer, wenn du gelernt hast, keine Angst vor Fehlern zu haben. Fehler sind für dich kein Ausscheidungskriterium mehr, sondern Situationen, aus denen du noch stärker hervorgehen kannst. Du lernst, deine begangenen Fehler mit Würde einzugestehen und trägst sie mit Fassung. Du probierst neue Dinge aus, von denen du überzeugt bist, dass sie gut für dich sind, ohne dich durch andere von deinem Weg abbringen zu lassen.

Du setzt dich kritisch mit Dingen auseinander, die dich ängstigen. Du entscheidest für dich, ob deine Angst begründet oder nur Einbildung war. Denke dabei immer daran, dass du andere um Hilfe fragen kannst. Das ist kein Zeichen von Schwäche, sondern vielmehr eines von Größe.

Du hast die innere Größe, die Dinge durchzusetzen, die du für richtig erachtest, unabhängig davon, was deine Freunde dazu sagen.

Wenn du Angst hast, dann ignoriere sie nicht. Lasse aber auch nicht zu, dass sie dich kontrolliert. Du überlegst klug und handelst, selbst wenn du noch Angst hast.

Der Weg des Erfolges

Selbstverpflichtung: Ich bemühe mich …

… vor ungewohnten Herausforderungen nicht wegzulaufen und „kleine" Ängste tapfer zu überwinden.

Die **20-Minuten** Erziehung

Tugend der Woche

TAPFERKEIT

- *Ich habe keine Angst, Fehler zu machen!*
- *Um Hilfe zu bitten ist kein Zeichen von Schwäche, sondern vielmehr eines von Größe.*
- *Wenn ich davon überzeugt bin, dann stehe ich zu meiner Meinung.*
- *Ich lasse nicht zu, dass Angst mein Handeln beeinflusst.*

mehr Glück
mehr Frieden
mehr Harmonie

Standhaftigkeit

Standhaftigkeit

„Große Werke werden nicht durch Gewalt, sondern durch Ausdauer vollbracht. Derjenige, der mit Entschlossenheit drei Stunden pro Tag vorangeht, wird in sieben Jahren eine Entfernung so groß wie den Erdumfang hinter sich bringen.“

Samuel Johnson (1709–84), englischer Dichter und Literaturkritiker

Was ist Standhaftigkeit?

Standhaftigkeit heißt: Ruhig und zuverlässig bleiben. Du bleibst bei einer Sache, egal was kommt, und du stehst dazu. Du bist treu und hast dein Ziel ständig vor Augen. Egal wer oder was auch versucht, dich von deinem Weg abzubringen, du lässt dich nicht in die Irre führen.

Du bleibst so lange auf deinem Pfad, wie es erforderlich ist. Standhaft zu sein ist schwieriger, als treu oder zielstrebig zu sein, denn du musst auch manchmal deinen Weg verlassen und möglicherweise eine andere Richtung einschlagen. Pflichtbewusstsein und das Wissen, wie du dein Ziel erreichst, lassen dich deinen Weg gehen.

Warum soll man standhaft sein?

Menschen, die nicht standhaft sind, weichen Problemen aus. Sie gehen Problemen aus dem Weg, wenn sie ihnen zu komplex werden, und erreichen deshalb nur selten ihre Ziele. Du weißt nie, woran du mit ihnen bist. Du weißt nicht, ob du dich auf sie verlassen oder wie viel du ihnen zumuten kannst.

Ein standhafter Mensch zu sein heißt nicht, dass du keine Zweifel haben darfst. Es heißt nur, dass du im Herzen standhaft bleibst. Es ist eine innere Ruhe und ein tiefes Gefühl der Sicherheit, dass dich trägt und dir ermöglicht weiterzumachen.

Standhaftigkeit im Herzen strahlt nach außen. Man kann es nur schwer benennen, doch fühlen es die Menschen um dich herum. Du gibst mit deiner eigenen Standhaftigkeit anderen Menschen Mut, dass sie es auch können. Wenn einer in der Familie beweist, wie gut er abnehmen kann, werden alle anderen seine Standhaftigkeit spüren und sich ihm anschließen wollen.

Wie bleibt man standhaft?

Für Standhaftigkeit benötigst du eine stabile innere Verpflichtung. Du musst dich im tiefsten Herzen einer Sache verpflichtet fühlen und du musst etwas wirklich wollen, ansonsten macht es wenig Sinn, überhaupt damit anzufangen. Bevor du dich also auf den Weg zu deinem Ziel machst, musst du dir die Rahmenbedingungen bewusst machen. Du musst wissen, wie lange es dauert, bis du dein Ziel erreicht hast. Du arbeitest nicht zu schnell, aber auch nicht zu langsam. Du arbeitest genau in der Geschwindigkeit, die du dir zutraust, um bis zum Ende durchhalten zu können.

Wenn du in einer Beziehung standhaft bist, stehst du zu dieser Person, egal ob sie eine schwierige Zeit durchmacht oder sich manchmal sozial unangemessen benimmt.

Wenn du standhaft bist, könnten Zweifel auftauchen: „Schaffe ich es wirklich?“ Oder: „Lohnt sich die ganze Mühe?“ Du merkst dir deine Zweifel, gibst zu, dass du sie hast, aber du weichst nicht. Du bleibst unerschütterlich in deiner Entschlossenheit, die Sache zu vollenden.

Der Weg des Erfolges

Selbstverpflichtung: Ich bemühe mich …

… meine anvisierten Ziele konsequent zu verfolgen, auch wenn es scheinbar nicht schnell genug weitergeht.

Die **20-Minuten** Erziehung

Tugend der Woche

STANDHAFTIGKEIT

- *Ich stehe zu meinen Entscheidungen und halte bis zum Schluss durch!*
- *Heute werde ich alles, was ich anfange, auch abschließen.*
- *Das, was ich sage, spiegelt sich auch in meinem Handeln wider.*
- *Ich lasse mich nicht durch die Meinung anderer von meinem Weg abbringen.*

mehr Glück
mehr Frieden
mehr Harmonie

Ehrlichkeit

Ehrlichkeit

„Verschönert eure Sprache mit Ehrlichkeit und schmückt eure Seelen mit der Zierde der Ehrlichkeit. Hütet euch davor, treulos mit anderen umzugehen."

Writings of Baha'u'llah
(Die Schriften von Baha'u'llah)

Was ist Ehrlichkeit?

Ehrlichkeit ist aufrichtiges Denken und Handeln. Wenn du ehrlich bist, vertrauen dir Menschen. Sie wissen, dass das, was du sagst, der Wahrheit entspricht und du sie nicht aus Eigennutz belügen würdest. Wenn ein ehrlicher Mensch dir sagt, dass er dich mag, dann sagt er dies nicht aus egoistischen Gründen oder weil er einen guten Eindruck hinterlassen möchte, sondern weil er es ernst meint.

Wenn du eine Werbung von einem ehrlichen Produkt siehst, dann kannst du davon ausgehen, dass du das bekommst, womit geworben wird. Auch wenn es gelegentlich scheint, als wärst du von unehrlichen Menschen umgeben, lohnt es sich, mit gutem Beispiel voranzugehen und ein Höchstmaß an Ehrlichkeit vorzuleben.

Wenn du ehrlich bist, erzählst du keine Lügen und verdrehst die Wahrheit nicht, um andere zu beeindrucken. Du erzählst die Dinge so, wie du sie siehst und wie sie deiner Meinung nach auch wirklich vorgefallen sind.

Warum soll man ehrlich sein?

Bist du über einen längeren Zeitraum ehrlich, dann entsteht bei den anderen ein Grundvertrauen dir gegenüber. Deine Integrität fließt in deinen Ruf mit ein. Du wirst bekannt als derjenige, dem man vertrauen kann.

Wenn wir alle nicht ehrlich wären, würde die Welt von Misstrauen regiert. Niemand würde irgendjemandem vertrauen, wir hätten Angst, belogen und verletzt zu werden.

Wir Menschen sind von Natur aus gutgläubige Wesen, deshalb möchten wir lieber vertrauen als misstrauen. Wenn wir allerdings zum Beispiel ein Spielzeug kaufen und dieses schon nach wenigen Tagen kaputt geht, dann sind wir enttäuscht von dem Produkt und allem, was damit zu tun hat. Diese Marke hat dann unser Vertrauen verloren. Wahrscheinlich werden wir nichts mehr von dieser Marke kaufen, weil wir Angst haben, dass das Gleiche noch einmal passiert. Genauso entsteht Vertrauen auch im persönlichen Umfeld. Wir dürfen Freunde und Verwandte nicht zu oft enttäuschen, sonst verlieren wir ihr Vertrauen.

Wie ist man ehrlich?

Versprich nichts, was du nicht halten kannst. Deine Worte müssen in deine Taten einfließen. Wenn du in manchen Fällen unehrlich bist – vielleicht aus Bequemlichkeit, vielleicht aus Angst –, dann überlege, wie du auf diese alltägliche Unehrlichkeit reagieren würdest, wenn du selbst betroffen wärst. Es sind oft die kleinen alltäglichen Lügen, die Freundschaften aushöhlen, Partnerschaften vergiften und Menschen einander fremd werden lassen. Dennoch ist es nicht einfach, immer ehrlich zu sein. Manchmal lügen wir auch aus vermeintlicher oder echter Rücksicht und Fürsorge. Lerne, genau zu erkennen, wann du dich kleiner Unwahrheiten bedienst – und warum du das tust. Damit ist ein erster Schritt in Richtung echter Wertschätzung des anderen getan. Habe keine Angst davor, Fehler zu machen, denn Fehler sind dafür da, daraus zu lernen. Sage die Wahrheit und stehe zu dem, was du falsch gemacht hast.

Merke: Wenn du ehrlich mit dir selbst bist, kannst du auch ehrlich mit anderen sein.

Der Weg des Erfolges

Selbstverpflichtung: Ich bemühe mich ...

... andere Menschen nicht durch Übertreibungen oder Schönreden zu beeindrucken und Fehler, die ich gemacht habe, auch einzugestehen.

Die **20-Minuten** Erziehung

Tugend der Woche

EHRLICHKEIT

- *Ich habe keine Angst davor, die Wahrheit zu sagen.*
- *Wenn ich einen Fehler mache, dann stehe ich auch dazu und versuche nicht, ihn zu vertuschen.*
- *Ich mache keine leeren Versprechen. Ich handle auch!*
- *Ich bin ehrlich mit meinen Mitmenschen, denn ich erwarte dasselbe von ihnen. Ich kann nur das von Menschen erwarten, was ich selbst vorlebe.*

mehr Glück
mehr Frieden
mehr Harmonie

Begeisterung

Begeisterung

„Begeisterung ist ein Feuer, das die Innenwelt in Fluss erhält. Aber Vernunft muss ihr die Gussform richten, in die sich das geschmolzene Metall ergießt."

Otto von Leixner (1847–1907), deutscher Journalist und Schriftsteller

Was ist Begeisterung?

Begeistert zu sein ist eines der schönsten Dinge der Welt. Wenn du begeistert bist, wartest du voller Vorfreude auf ein Ereignis, um es dann in vollen Zügen zu genießen. Wenn du begeistert von deiner Arbeit bist, dann arbeitest du ununterbrochen mit voller Leistung. Du gibst 100 Prozent, weil du fasziniert bist. Du lässt dir diese Begeisterung von niemandem ausreden, im Gegenteil, Begeisterung ist hochgradig ansteckend und reißt Menschen mit sich. Wenn du begeistert Sport machst, nehmen das andere besonders wahr. Sie fangen an zu lächeln, selbst wenn es nur ein inneres Lächeln ist. Begeisterung wächst aus einer Heiterkeit heraus, einer „launologischen" (Launologie, Helmut Fuchs/Andreas Huber) Grundhaltung. Begeisterung ist nicht davon abhängig, was du machst, sondern wie du es machst.

Mit Begeisterung macht sogar die langweiligste Aufgabe Spaß. Wenn du mit Begeisterung arbeitest, erledigst du die Aufgabe gerne und freust dich auf das nächste Mal.

Warum soll man begeistert sein?

Begeisterung hilft nicht nur dir, sondern auch deinen Mitmenschen. Wenn du morgens aus Gewohnheit eine Stunde Joggen gehst, kannst du gut beobachten, wie sich Begeisterung äußert. Läufst du begeistert, vergeht diese eine Stunde wie im Flug. Doch bist du frustriert oder hast gar keine Lust zum Joggen, dann wird dir diese Stunde doppelt so lange vorkommen. So ist es nicht nur beim Joggen, sondern mit allem im Leben, sei es körperliche Arbeit oder geistige. Du wirst beobachten können, wie dir das Leben leichter fällt, denn auf einmal freust du dich nicht mehr auf nur eine Sache, sondern auf den gesamten Tag.

Das fängt schon mit dem Aufstehen an. In dem Moment, in dem du aufstehst, musst du zu dir selbst sagen: „Super, ich freue mich auf diesen Tag."

Wenn du nicht begeistert bist, wird das Aufstehen zur Qual. Dein erster Gedanke wird sein: „So ein Mist, ich bin viel zu müde, um aufzustehen." Und mit dieser Einstellung gehst du ins Badezimmer, um dich frisch zu machen, und steigst mit derselben schlechten Laune ins Auto, weil du eigentlich gar keine Lust hast zu arbeiten.

Für Menschen, die keine Begeisterung kennen, ist alles langweilig und frustrierend. Diesen Menschen wird häufig nachgesagt, sie seien leidenschaftslos, sie hätten eine „problematische Einstellung". Sie werden oft gemieden, weil es reine Zeitverschwendung wäre, mit ihnen etwas zu unternehmen.

Wie zeigt man Begeisterung?

Begeisterung ist eine innere Einstellung. Es ist eine Grundhaltung, die du dir ab und zu wieder vor Augen führen musst. Wichtig dabei ist der Fokus auf die positiven Aspekte einer Handlung. Wenn du daran denkst, wie schön etwas sein wird, wirst du auch etwas Schönes finden. Du machst dir bewusst, wie du dies oder jenes mit Spaß tun kannst, und schon empfindest du Begeisterung.

Natürlich gibt es immer Dinge, die weniger begeisternd sind, doch kannst du deiner Fantasie freien Lauf lassen und möglicherweise auch Routinearbeit aus einem neuen Blickwinkel betrachten und neu angehen.

Eine andere Möglichkeit ist, sich das erwünschte Ergebnis bewusst zu machen, schon bevor man anfängt. Du visualisierst, wie die Küche aussehen wird, wenn du fertig bist, und was du dann für ein tolles Gefühl haben wirst. Noch schöner ist es, wenn du dafür auch noch Lob von deinen Geschwistern oder deinen Eltern bekommst. So wird das „Töpfe abwaschen" und die „Spülmaschine ausräumen" Teil eines größeren Bildes. Jede erledigte Aufgabe bringt dich näher an dein Ziel.

Freunden oder Bekannten kannst du mit Begeisterung entgegentreten, indem du mit ihnen ihre Erfolge feierst. Du benötigst Empathie, um dich in ihren Gefühlszustand hineinzuversetzen. Lächle ihnen zu oder äußere dich durch Ausrufe wie zum Beispiel „Wow", „Super!", „Das ist ja der Wahnsinn". So ermutigst du andere, gibst ihnen Selbstbewusstsein und zeigst ihnen, dass ihre Erfolge auch dir am Herzen liegen.

Der Weg des Erfolges

Selbstverpflichtung: Ich bemühe mich ...

... meine Begeisterung täglich mit anderen zu teilen, und lasse sie somit an meinen Gefühlen teilhaben.

Die **20-Minuten** Erziehung

Tugend der Woche

BEGEISTERUNG

- *Ich freue mich darüber, dass morgens die Sonne scheint, wenn ich aufstehe.*
- *Ich suche bei Menschen und Aufgaben den „Begeisterungsknopf“.*
- *Mir ist es wichtig, meine Begeisterung nicht zu verstecken, sondern sie nach außen zu tragen, damit sie sich schnell verbreitet.*
- *Ich lasse mich von den kleinen Dingen im Leben begeistern, auch wenn sie banal erscheinen.*

mehr Glück
mehr Frieden
mehr Harmonie

Menschlichkeit

Liebevoll sein

Liebevoll sein

„Sollten wir im Blitz, Donner und Sturm nicht die Nähe einer übergewaltigen Macht, in Blütenduft und lauem Luftsäuseln nicht ein liebevoll sich annäherndes Wesen empfinden dürfen?“

Johann Wolfgang von Goethe (1749–1832), deutscher Dichter

Was heißt „liebevoll sein“?

Liebevoll sein verschönert dein direktes Umfeld und macht das Leben angenehmer für alle Beteiligten. Du hast einen starken Drang, anderen Freude zu bereiten, und bekommst dadurch ein Gefühl der Zufriedenheit. Meistens bist du liebevoll zu Menschen, die du besonders gerne hast, etwa zu deinen Eltern oder deinen Geschwistern. Aber es ist genauso schön, anderen eine Freude zu machen.

Liebevoll sein heißt auch: zärtlich sein. Du kannst deine Liebe mit einer schönen und angenehmen Redensart, einem herzlichen Lächeln oder einer Umarmung zeigen. Es gibt kaum etwas Schöneres für Menschen, als liebevoll behandelt zu werden. Es ist das warme und angenehme Gefühl, dass andere an sie denken und sie gern haben.

Wenn du liebevoll bist, behandelst du andere so, wie du selber gerne behandelt werden möchtest. Du schenkst anderen Respekt und Anerkennung und interessierst dich dafür, was mit ihnen passiert. Du sorgst dich um sie und zeigst es ihnen auch.

Warum soll man liebevoll sein?

Menschen, die weder Eigen- noch Fremdliebe empfinden können, sind sehr einsam. Sie ziehen sich in der Regel von anderen Menschen zurück und zeigen viele Signale einer depressiven Grundstimmung. Manchmal werden sie auch aggressiv und unerträglich in ihrer Verstimmtheit.

Es ist wichtig, dass wir Liebe zeigen. Oft hindert uns unsere Angst, dies nicht zu tun. Wir haben Angst davor, verletzt zu werden. Es ist wichtig, dass wir manchmal den ersten Schritt tun und uns aus unseren Routinen lösen, um die Welt zu verschönern.

Jeder Mensch will gemocht werden. Jeder genießt es, bewundert oder geliebt zu werden. Wenn du in der Lage bist, den Menschen zu sagen, wie wichtig sie dir sind, bekommen sie auch dieses Gefühl von Wichtigkeit. Wenn Menschen geliebt werden, werden sie freundlicher, hilfsbereiter und glücklicher. Wenn wir also unsere Komfortzone ein Stück weit verlassen und uns öffnen, können wir in unserem Umfeld etwas positiv verändern.

Wie kann man üben, „liebevoll zu sein“?

Liebevoll sein wird belohnt. All das, was du gibst, kommt in irgendeiner Form zu dir zurück. Ein Beispiel: Wenn dir immer wieder auffällt, dass ein Freund sich extrem gut kleidet, dann solltest du das nicht nur denken, sondern es ihm einfach mal sagen. Er wird sich freuen, wenn er das Gefühl hat, dass du es ernst meinst. Und er wird sich das nächste Mal bei dir revanchieren oder die Freude dankbar an einen anderen Menschen weiterreichen. Vielleicht lädt er dich zum Essen oder zu einer Party ein.

Deine Freundlichkeit wird in irgendeiner Form zu dir zurückkommen. Dein Freund tut dies aus einem simplen Grund: Er bekommt durch das Lob ein gutes Gefühl und möchte dir jetzt auch einen Gefallen tun. Bist du also liebevoll gegenüber deinen Freunden, wirst du schnell beliebt und alle wollen mit dir befreundet sein.

Der Weg des Erfolges

Selbstverpflichtung: Ich bemühe mich ...

... zukünftig meine Wertschätzung anderen Menschen deutlich zu zeigen, um eine Kettenreaktion des liebevollen Miteinanders täglich neu zu starten.

Die
20-Minuten
Erziehung

Tugend der Woche

LIEBEVOLL SEIN

- *Heute mache ich die Küche sauber, weil ich meiner Familie eine Freude machen möchte.*
- *Ich bereite jemandem eine Freude, indem ich ihm ein kleines Geschenk mache.*
- *Ich sage einem Menschen, den ich gern habe, dass es schön ist, dass es ihn gibt.*
- *Ich frage nahestehende Menschen nach ihrem Wohlergehen.*

mehr Glück
mehr Frieden
mehr Harmonie

Großzügigkeit

Großzügigkeit

„Wer Gutes tun will, muß es verschwenderisch tun."

Martin Luther (1483–1546), deutscher Theologe und Reformator

Was ist Großzügigkeit?

Großzügigkeit äußert sich in der Art und Weise, wie du mit anderen teilst. Wenn du großzügig bist, denkst du nicht lange darüber nach, was du als Gegenleistung bekommst. Du schenkst, weil du gerne schenken möchtest, und nicht, weil du eine materielle Entschädigung, Anerkennung oder eine andere Belohnung dafür bekommen willst. Dennoch ist es schön, zu wissen, dass du oft eine Gegenleistung bekommst, weil die andere Person sich revanchieren möchte.

Großzügigkeit ist nicht Verschwendung, aber sie ist das Gegenteil von Geiz. Du empfindest Freude daran, anderen Geschenke zu machen. Du freust dich mit ihnen und bekommst ein wertiges Gefühl, denn du spürst, dass du anderen Gutes tust. Du schenkst nur um der Freude des Schenkens willen. Großzügigkeit ist ein feiner Weg, anderen Menschen Zuneigung und Wertschätzung zu zeigen.

Warum soll man großzügig sein?

Eine Welt ohne Großzügigkeit wäre letztlich ein Ort ohne Geschenke und damit ein sehr trauriger Ort. Jedes Geschenk wäre mit einer gleichwertigen Gegenleistung verbunden und dadurch würden Geschenke zu Druckmitteln.

Man würde sich nicht mehr vertrauen, Hilfe wäre immer mit Bedingungen verknüpft oder sie würde nicht mehr angenommen werden, weil man sich moralisch nicht „verschulden“ möchte.

Großzügigkeit ist immer mit gewissen Opfern verbunden. Man kann also durch Großzügigkeit besonders stark persönliche Zuneigung zeigen. Bedingungslose Großzügigkeit ist ansteckend, denn jeder möchte sich in irgendeiner Weise erkenntlich zeigen, wenn es auch nicht unbedingt der großzügigen Person gegenüber ist. Plötzlich wollen alle Leute geben und großzügig sein. Die Welt wird freundlicher.

Wie ist man großzügig?

Fange damit an, kleine Geschenke an Menschen so zu verteilen, dass sie nicht wissen, wo die Geschenke herkommen, und freue dich klammheimlich, etwas Gutes getan zu haben. Diese „Heinzelmännchen-Übung“ löst erfahrungsgemäß ein sehr starkes Gefühl der Verbundenheit mit anderen Menschen aus und führt bei den Beschenkten zu dem Impuls, dieses oder ein anderes Geschenk auch an andere weiterzugeben.

Erwarte bei direkten persönlichen Geschenken keine Gegenleistung.

Der Weg des Erfolges

Selbstverpflichtung: Ich bemühe mich …

… jeden Tag mindestens einem Menschen gegenüber ausgesprochen großzügig zu sein und nicht auf Gegenleistung zu spekulieren.

Die **20-Minuten** Erziehung

Tugend der Woche

GROSSZÜGIGKEIT

- *Ich mache heute jemandem ein Geschenk, ohne dabei eine Gegenleistung zu erwarten.*
- *Obwohl ich noch Hunger habe, lasse ich das letzte Stück für jemand anderen übrig.*
- *Ich übe, Spaß daran zu haben, anderen Menschen eine Freude zu bereiten.*
- *Es ist unwichtig, was mit meinem Geschenk gemacht wird. Mir geht es nur darum, zu teilen.*

mehr Glück
mehr Frieden
mehr Harmonie

Emotionale Intelligenz

Emotionale Intelligenz

„Viele Menschen sind gut erzogen, um nicht mit vollem Mund zu sprechen, aber sie haben keine Bedenken, es mit leerem Kopf zu tun."

Orson Wells (1915–1985),
amerikanischer Regisseur, Schauspieler und Autor

Was ist Emotionale Intelligenz?

Der amerikanische Psychologe und Wissenschaftsjournalist Daniel Goleman prägte mit seinem Buch *„EQ. Emotionale Intelligenz"* einen völlig neuen Begriff. Plötzlich schien neben dem „IQ" (Intelligenzquotient) auch noch der „EQ" (emotionaler Quotient) eine Rolle zu spielen – ja mehr noch: Man fand heraus, dass Menschen über ganz verschiedene Intelligenzen verfügen. Lange Zeit galt der IQ als Maßstab für Erfolg. Nach neuesten Erkenntnissen ist aber die Emotionale Intelligenz – der EQ – eines Menschen viel ausschlaggebender für seinen persönlichen und beruflichen Erfolg als der IQ.

Mit dem Begriff „Emotionaler Intelligenz" werden eine ganze Reihe von Fähigkeiten und Kompetenzen beschrieben, zum Beispiel Mitgefühl, Kommunikationsfähigkeit, Menschlichkeit, Takt, Höflichkeit. Johann Wolfgang von Goethe sprach von „Herzensbildung". Und Herzensbildung sollte früh begonnen und geübt werden. Emotionale Intelligenz bezieht sich auf den Umgang mit sich selbst und mit anderen. Emotionale Intelligenz beschreibt also das Selbstmanagement und die Selbsterfahrung auf der einen Seite und Kompetenzen sowie Fähigkeiten im Umgang mit anderen Menschen auf der anderen.

Warum soll man Emotionale Intelligenz zeigen?

Was bringt uns nun diese Emotionale Intelligenz? Es wurde bereits auf den Zusammenhang von Erfolg und Emotionaler Intelligenz hingewiesen. Erfolg meint hier sowohl beruflichen als auch persönlichen Erfolg. Menschen mit hoher Emotionaler Intelligenz sind beruflich sehr erfolgreich, da sie gut mit Menschen umgehen können und Führungsqualitäten besitzen. Emotionale Intelligenz im Alltag ermöglicht, gut mit dem Partner und mit Familienmitgliedern auszukommen, Konflikte konstruktiv zu meistern und mit sich selbst und anderen Menschen harmonisch umzugehen. Emotional intelligente Menschen können aktiv zuhören und akzeptieren ihre Mitmenschen so, wie sie sind. Sie sind sehr beliebt und pflegen tief gehende Beziehungen und Freundschaften. Sie sorgen aber auch für sich selbst und sind deshalb meist zufrieden und ausgeglichen.

Wie zeigt man Emotionale Intelligenz?

Nach Goleman sind für die Emotionale Intelligenz vor allem folgende Kompetenzen entscheidend:

Selbstbewusstheit: Gemeint ist die realistische Einschätzung der eigenen Persönlichkeit, also das Erkennen und Verstehen der eigenen Gefühle, Bedürfnisse, Motive und Ziele, aber auch das Bewusstsein über die persönlichen Stärken und Schwächen. Es geht darum, sich selbst gut zu kennen, um einschätzen zu können, wie man in bestimmten Situationen reagiert, was man braucht und wo man an sich arbeiten muss.

Selbststeuerung: Als Selbststeuerung wird die Fähigkeit bezeichnet, die eigenen Gefühle und Stimmungen durch einen inneren Dialog zu beeinflussen und zu lenken. Mit dieser Fähigkeit sind wir unseren Gefühlen nicht mehr nur einfach ausgeliefert, sondern können sie konstruktiv beeinflussen. Ein Beispiel: Wenn uns etwas wütend macht, können wir uns durch unseren inneren Dialog selbst beruhigen. Wir können dann viel angemessener reagieren, als wenn wir nicht in Lage wären, uns selbst zu steuern.

Motivation: Sich selbst motivieren zu können heißt, immer wieder Leistungsbereitschaft und Begeisterungsfähigkeit aus sich selbst heraus zu entwickeln. Diese Fähigkeit ist besonders hilfreich in Phasen, in denen ein Projekt schwierig wird oder wenn die Dinge anders laufen als geplant. Wer sich selbst motivieren kann, findet immer wieder Kraft zum Weitermachen und verfügt auch über eine höhere Frustrationstoleranz (das Vermögen, Frust auszuhalten und trotzdem weiterzumachen).

Empathie: Empathie heißt Einfühlungsvermögen. Gemeint ist damit die Fähigkeit, sich in die Gefühle und Sichtweisen anderer Menschen hineinzuversetzen und angemessen darauf zu reagieren. Es geht darum, Mitmenschen in ihrem Sein wahrzunehmen und zu akzeptieren. Dabei heißt akzeptieren nicht automatisch gutheißen. Andere Menschen zu akzeptieren bedeutet, ihnen mit Respekt entgegenzutreten und Verständnis für ihr Tun und Denken zu haben.

Soziale Kompetenz: Unter sozialer Kompetenz versteht man die Fähigkeit, Kontakte und Beziehungen zu anderen Menschen zu knüpfen und Beziehungen auch dauerhaft aufrechtzuerhalten. Es geht also um ein gutes Beziehungs- und Konfliktmanagement, um Führungsqualitäten und die Fähigkeit, funktionierende Teams zu bilden und zu leiten.

Kommunikationsfähigkeit: Eine gute Kommunikationsfähigkeit ist Voraussetzung für Emotionale Intelligenz. Es geht dabei um zwei Dinge: einerseits die Fähigkeit, sich klar und verständlich auszudrücken und somit sein Anliegen deutlich und transparent zu übermitteln; andererseits die Fähigkeit, anderen Menschen aktiv und aufmerksam zuzuhören, und das, was sie sagen, zu verstehen und einzuordnen.

Der Weg des Erfolges

Selbstverpflichtung: Ich bemühe mich ...

... Beziehungen zu anderen Menschen zu knüpfen und solche Beziehungen auch dauerhaft und sorgfältig aufrechtzuerhalten.

Die **20-Minuten** Erziehung

Tugend der Woche

EMOTIONALE INTELLIGENZ

- *Heute höre ich meinen Mitmenschen aufmerksam zu.*
- *Ich akzeptiere Menschen so, wie sie sind, selbst wenn ich nicht damit einverstanden bin.*
- *Ich achte vermehrt auf meine eigenen Bedürfnisse, Motive und Ziele.*
- *Ich trete anderen Menschen mit Akzeptanz und Respekt entgegen.*

mehr Glück
mehr Frieden
mehr Harmonie

Gerechtigkeit

Anderen dienen

Anderen dienen

„Wenn jeder dem anderen helfen wollte, so wäre allen geholfen."

Marie von Ebner-Eschenbach (1830–1916), österreichische Schriftstellerin

Was heißt „anderen dienen"?

Dienen steht als wichtigste Tugend im Zentrum vieler Philosophien und Religionen. So heißt es nicht selten: „Leben ist bestimmt zum Dienen, nicht zur Selbstsucht. Bringe Opfer, erfülle deine Pflichten ordentlich und mit Aufrichtigkeit."

Anderen helfen bedeutet in diesem Sinne, zu schauen, wo und wie du anderen einen Gefallen tun kannst, und nicht darauf zu warten, darum gebeten zu werden. Du machst dir Gedanken darüber, in welcher Situation sich dein Gegenüber befindet und versuchst, mit eigenen Lösungsvorschlägen zu dienen.

„Dem Mitmenschen dienend gegenüberzustehen wird das Herz reinigen und Egoismus, Hass, Eifersucht und Überheblichkeit verschwinden", schreibt Swami Sivananda in der „Göttlichen Erkenntnis" und bringt damit die religiöse Reinigung auf den Punkt.

Du hilfst anderen nicht aus Eigennutz. Deine Hilfe resultiert allein aus dem Gedanken, dass es wichtig ist, anderen zu dienen. Du verlangst keine Bezahlung oder Wiedergutmachung. Oftmals stärkt deine Hilfsbereitschaft die Freundschaft und das Vertrauen und allein dadurch bekommst du schon etwas zurück.

Wenn du dienen willst, tust du dein Bestes bei allem, was du machst. Möglichst wenig zu tun ist nicht deine Art. Im Gegenteil, du leistest einen echten Beitrag.

Warum soll man anderen dienen?

Wenn die Menschen kein Interesse hätten, einander zu dienen, dann würde jeder alleine dastehen. Niemand würde anderen mehr helfen wollen, ohne eine Belohnung zu bekommen. Leider gibt es viele Einrichtungen, die gerade diese Hilfestellung ausnutzen und davon profitieren, aber es gibt auch viele Organisationen, die sich für das Wohl der Menschen einsetzen.

Jemandem zu dienen, ohne aufgefordert zu werden, schafft Liebe und Vertrauen. Andere können uns vertrauen, weil wir dort Verantwortung zeigen, wo Verantwortung zu übernehmen ist. Sie verlassen sich darauf, dass erledigt wird, was zu erledigen ist.

Wenn wir anderen dienen, tun wir dies von Herzen. Wir geben unser Bestes und versuchen, damit die Welt zu verschönern.

Wie dient man anderen?

Wenn du dienen möchtest, musst du zuerst deine Einstellung zu Hilfsbereitschaft kennen. Für eine Hilfestellung solltest du keine Gegenleistung erwarten, sondern du solltest aufgrund deiner Überzeugung handeln. „Tust du Gutes, widerfährt dir Gutes" heißt eine alte buddhistische Weisheit. Beobachte die Menschen, versuche dir vorzustellen, wie du ihnen einen Gefallen tun kannst, und mache es dann auch. Erweise deiner Familie einen Dienst, indem du unaufgefordert den Tisch deckst oder generell für Ordnung im Haushalt sorgst.

Du kannst auch der Umwelt und der Erde dienen, indem du an Recycling denkst, indem du deinen Verbrauch reduzierst oder alte Sachen wiederverwendest, anstatt immer neue zu kaufen.

Wenn du arbeitest, dann achte darauf, dass du irgendjemandem dienst. Mache anderen eine Freude, so oft du kannst, und gib dabei immer dein Bestes.

Der Weg des Erfolges

Selbstverpflichtung: Ich bemühe mich ...

... ein Diener der Menschen zu werden, denn das ist vermutlich das Geheimnis einer gelungenen Lebensentwicklung.

Die **20-Minuten** Erziehung

Tugend der Woche

ANDEREN DIENEN

- *Ich werde einem Familienmitglied eine Arbeit abnehmen.*
- *Ich werde jeden Tag meine Familienmitglieder fragen, wobei ich ihnen heute helfen kann.*
- *Wenn ich jemandem helfe, erwarte ich keine Gegenleistung - ich mache es, weil ich dieser Person eine Freude bereiten möchte.*
- *Ich tue meiner Familie einen Gefallen, indem ich meine benutzten Sachen wieder wegräume.*

mehr Glück
mehr Frieden
mehr Harmonie

Idealismus

Idealismus – soziale Verantwortung übernehmen

„Idealismus ist die Fähigkeit, die Menschen so zu sehen, wie sie sein könnten, wenn sie nicht so wären, wie sie sind."

Curt Goetz (1888–1960), deutscher Schauspieler und Schriftsteller

Was ist Idealismus?

Idealistische Menschen glauben an sich selbst und ihre Überzeugung und setzen diese auch um. Wenn jemand idealistisch ist, hat er gewisse Prinzipien, die in seinem Leben richtungsweisend sind. Dies ist nicht gleichbedeutend mit „verbohrt" oder „engstirnig". Menschen mit hohem Idealismus sind sehr wohl in der Lage, auch andere Meinungen zu akzeptieren und gelegentlich ihre Handlungsweise zu ändern – allerdings müssen sie erst wirklich überzeugt werden.

Für ihre idealistischen Ziele setzen sie sich mit voller Hingabe und Leidenschaft ein.

Idealisten sind meistens nicht wirklich zufrieden. Sie wollen die Welt verändern. Ungerechtigkeit und Benachteiligung müssen korrigiert werden. Wegschauen oder Teilnahmslosigkeit ist nicht ihre Art. Sie haben Träume und Vorstellungen, die es zu realisieren gilt. Dafür setzen sie sich ein.

Warum soll man Idealismus üben?

Ein Leben ohne Ideale ist inhaltsleer und fad. Wer keine Träume, Wünsche und Ziele für eine bessere Welt hat, wird resignieren und depressiv werden. Er leidet am sinnlosen Leben. Ohne Idealismus würden wir das Leben einfach so hinnehmen, ohne Fragen zu stellen, und nichts würde sich ändern. Eine mutlose Gesellschaft ohne Erfindungen und Neuerungen wäre die Konsequenz. Wir sollten Verantwortung übernehmen, um eine bessere Welt zu schaffen.

Wenn wir Idealismus üben, lernen wir optimistisch in die Welt zu blicken. Wir haben eine Vorstellung von dem, was möglich ist, und tun etwas, damit es vollendet wird.

Wie zeigt man Idealismus?

Lerne, deine Wünsche konkret zu formulieren. Stärke deine Vorstellungskraft. Stell dir zum Beispiel vor, wie du später einmal dein Leben gestalten möchtest. „Wie komme ich dahin?“ Oder: „Welche Eigenschaften brauche ich dazu?“ Oder: „Wann fange ich damit an, meine Träume zu realisieren?“ Das sind ganz wichtige Fragen, die du dir stellen solltest. Nur das, was du dir auch vorstellen kannst, wird realisiert werden.

Wenn du ein guter Mensch sein möchtest, dann stelle dir vor, was einen guten Menschen von einem schlechten Menschen unterscheidet. Wie reagiert ein „guter Mensch“? Wie lebt er sein Leben und was wird er nicht tun?

Der Weg des Erfolges

Selbstverpflichtung: Ich bemühe mich …

… im Streben nach sozialer Gerechtigkeit und Fairness mich sozial zu engagieren und mich in meinem täglichen Handeln stärker für eine bessere Welt einzusetzen.

Die **20-Minuten** Erziehung

Tugend der Woche

IDEALISMUS

- *Ich übernehme für meine Handlungen die Verantwortung.*
- *Ich stelle mir nicht nur die Lösung von etwas vor, sondern ich realisiere sie auch.*
- *Ich übernehme täglich eine Aufgabe für einen anderen Menschen in meinem privaten Umfeld.*
- *Ich frage täglich jemanden, ob ich helfen kann.*

mehr Glück
mehr Frieden
mehr Harmonie

Verantwortungs-bewusstsein

Verantwortungsbewusstsein

**„Verantwortlich ist man nicht nur für das,
was man tut, sondern auch für das,
was man nicht tut."**

Laotse (6. Jh.v.Chr.), chinesischer Philosoph

Was ist Verantwortungsbewusstsein?

Verantwortungsbewusstsein ist, wie das Wort schon sagt, sich bewusst zu sein, dass man als Person immer eine gewisse Verantwortung trägt, sei es für Freunde, die Familie oder auch „nur" für das Haustier. Wenn du verantwortungsbewusst bist, sind dir alle Konsequenzen, die aus deinen Taten resultieren, klar. Du weißt, welche Folgen deine Entscheidungen mit sich bringen, und bist bereit, für deine Fehler geradezustehen.

Warum soll man verantwortungsbewusst sein?

Wenn du sagst, du wirst etwas tun, völlig unabhängig davon, was es auch sein mag – deine Hausaufgaben erledigen, das Auto waschen, die Zähne putzen –, dann stehst du zu deinem Wort und tust es auch. Du nimmst anderen die Verantwortung ab und zeigst ihnen somit, dass sie dir vertrauen können. Als ständig verantwortungsbewusster Mensch wirst du schnell beliebt bei deinen Freunden. Sie wollen mit dir Zeit verbringen, denn sie wissen, dass sie dir vertrauen können und dass du ihnen helfen wirst, wenn ihnen etwas zu schwierig ist.

Wenn du aber zu viel Verantwortung auf dich nimmst, dann wird es passieren, dass du deine Zusagen nicht einhalten kannst. Dann würdest du einen Vertrauensbruch begehen – das wäre sehr verantwortungslos.

Wie ist man verantwortungsbewusst?

Du bist verantwortungsbewusst, wenn du bereit bist, für deine Taten und damit auch für deine Fehler einzustehen, und wenn du bereit bist, die Konsequenzen zu tragen. Wenn du im Vorfeld schon weißt, dass du ein Versprechen nicht einhalten kannst, dann solltest du es auch nicht geben. Natürlich freust du dich über Anerkennung, wenn du etwas gut gemacht hast, über ein Schulterklopfen, das dir sagt, dass du alles richtig gemacht hast.

Wenn du dich also verantwortlich verhältst, machst du alles so gut du kannst. Wenn dir ein Fehler unterläuft, dann redest du dich nicht heraus, sondern du versuchst, den Fehler schnellstmöglich zu beheben.

Du freust dich über Anerkennung, wenn du etwas gut gemacht hast, und lässt dich korrigieren, wenn etwas nicht geklappt hat. Du hörst gut zu, nimmst Verantwortung an und tust dein Bestes, um die Dinge richtig zu machen.

Der Weg des Erfolges

Selbstverpflichtung: Ich bemühe mich ...

... die mir übertragenen Pflichten, wie zum Beispiel Hausaufgaben oder Aufgaben im Haus, verantwortungsvoll zu erledigen.

Die **20-Minuten** Erziehung

Tugend der Woche

VERANTWORTUNGSBEWUSSTSEIN

- *Ich bin mir jederzeit bewusst, dass nur ich für mein Handeln verantwortlich bin.*
- *Ich beschuldige niemand anders, wenn ich einen Fehler gemacht habe.*
- *Ich stehe für alle meine Fehler gerade.*
- *Ich weiß, dass ich nicht nur für mich, sondern auch für meine Mitmenschen Verantwortung habe.*

mehr Glück
mehr Frieden
mehr Harmonie

Mäßigung

Selbstdisziplin

Selbstdisziplin

„In Aufstellung unserer Grundsätze sind wir strenger als in ihrer Befolgung."

Theodor Fontane (1819–1898), deutscher Schriftsteller

Was ist Selbstdisziplin?

Disziplin ist Beherrschung im Allgemeinen und dementsprechend ist Selbstdisziplin die Selbst-Beherrschung. Sich selbst zu disziplinieren ist sicher eine der schwierigsten Herausforderungen im täglichen Leben.

Das heißt, dass du auch tatsächlich das tust, was du dir eigentlich vorgenommen hast. Du lässt dich nicht von irgendwelchen anderen Dingen ablenken, nur weil sie sich gerade anbieten. Du hast ein Ziel vor Augen und versuchst, dieses auch zu erreichen. Disziplin entspringt einer Eigenverantwortung, wobei du dich bei ihrer Ausübung immer weiterentwickeln wirst.

Selbstdisziplin zu üben heißt nicht, immer und überall gleichermaßen den inneren Schweinehund an die Kette zu legen. Du übertreibst nicht, aber du bist auch nicht faul. Gefühle und Gedanken kommen und gehen. Es mag sein, dass du deine Gedanken und Gefühle nicht so im Griff hast, dass du aber trotzdem entscheiden kannst, was du mit ihnen machst. Du verlierst nicht die Selbstkontrolle, wenn du dich verletzt oder verärgert fühlst, sondern überlegst, wie du reden wirst und was du sagen wirst.

Wenn du diszipliniert bist, hast du eine gute Grundlage für dein Leben geschaffen. So machst du deine Hausaufgaben zuverlässig, vergisst nicht, die dir aufgetragenen Arbeiten (wie Hof kehren, Rasen mähen oder Zähne putzen) sorgfältig und pünktlich zu erledigen, und schiebst sie nicht auf die „lange Bank“.

Warum soll man Selbstdisziplin üben?

Wenn du Selbstdisziplin besitzt, werden dir viele Dinge im Leben leichter fallen. Wenn du dich kontrollierst, wenn jemand willkürlich versucht, dich zu ärgern, dann kannst du unnötigen Diskussionen aus dem Weg gehen oder Probleme jeglicher Art vermeiden. Wenn du diszipliniert bist, überlegst du erst und handelst dann.

Menschen, die keine Selbstdisziplin haben, sind oft auch nicht in der Lage, ihre Gefühle zu beherrschen, und geraten schnell emotional außer Kontrolle.

Wie übt man Selbstdisziplin?

Wenn du Selbstdisziplin praktizieren möchtest, ist es eine gute Idee, sich den Nutzen klar und deutlich vor Augen zu führen. Gelegentlich hilft es, eine Situation von einer höheren Ebene zu betrachten, losgelöst von der eigenen Bewertung und den eigenen Gefühlen, um diszipliniert zu handeln.

Selbstdisziplin zu üben wird hilfreich unterstützt durch Routinen. Regelmäßig zur gleichen Zeit schlafen gehen, zur gleichen Zeit aufstehen, die Zähne putzen, den Frühstückstisch decken und vieles andere mehr kann helfen, Selbstdisziplin zu unterstützen.

Wenn du Selbstdisziplin hast, beachtest du die Regeln deiner Familie und deiner Schule und genießt diese sogar. Mit Selbstdisziplin schiebst du nichts vor dir her und bist nicht gierig. Du benutzt deinen Verstand, um mit deinen Emotionen klarzukommen. Dein Leben ist friedvoll und trotzdem handlungsstark.

Der Weg des Erfolges

Selbstverpflichtung: Ich bemühe mich …

… Rituale zur Unterstützung meiner Selbstdisziplin in meinen täglichen Alltagsablauf einzubauen.

Die **20-Minuten** Erziehung

Tugend der Woche

SELBSTDISZIPLIN

- *Heute achte ich darauf, dass ich nichts im Übermaß mache.*
- *Ich begrenze eigenständig meinen TV-Konsum.*
- *Ich begrenze eigenständig meine Computerzeit.*
- *Ich erledige meine Hausaufgaben ohne Aufforderung!*

mehr Glück
mehr Frieden
mehr Harmonie

Rücksicht

Rücksicht

„Denn der Mensch als Kreatur hat von Rücksicht keine Spur.“

Wilhelm Busch (1832–1908), deutscher Schriftsteller und Karikaturist

Was ist Rücksicht?

Glauben wir Wilhelm Busch, dann ist es um die Rücksicht in unserer Gesellschaft nicht gut bestellt – und dringender Handlungsbedarf erkennbar. Rücksicht heißt, andere Menschen und deren Wirken und Fühlen sensibel wahrzunehmen und hilfreich zu handeln. Rücksichtsvoll heißt auch, dass du dir überlegst, welche Auswirkungen deine Taten auf andere haben könnten. Du machst dir ernsthafte Gedanken, damit dein Handeln keine negativen Konsequenzen für andere Menschen hat.

Rücksicht erfordert Mitdenken und Zuhören. Du hörst zu und weißt, was für andere Personen wichtig beziehungsweise unwichtig ist, und machst dir mit diesem Wissen Gedanken, wie du ihnen eine Freude machen könntest.

Wenn du rücksichtsvoll bist, hast du ein waches Auge für die Vorlieben und Bedürfnisse anderer Menschen.

Du respektierst andere Meinungen und akzeptierst andere Sichtweisen. Du versuchst nicht, deine Meinung anderen aufzudrängen oder mit Gewalt durchzusetzen. Du behandelst andere so, wie du selber gerne behandelt werden möchtest, respektierst ihre Bedürfnisse und Gefühle und machst Dinge so, dass sie nicht nur dir, sondern auch anderen zugute kommen.

Warum soll man Rücksicht üben?

Egoistische Menschen kennen keine Rücksicht. Als Gefühlsterroristen verletzten sie häufig die Gefühle anderer und verfolgen konsequent ihre eigenen Interessen. So hören sie beispielsweise ihre Musik so laut, dass es andere Menschen stört, oder sie räumen ihre benutzten Sachen nicht wieder an den richtigen Ort zurück.

Wo keine Rücksicht zu erkennen ist, herrschen oft Konflikte. Die eine Partei fühlt sich missachtet, weil ihre Bedürfnisse ignoriert werden, wobei die andere, egoistische Partei dies nicht nachvollziehen kann. Wenn du Rücksicht auf andere nimmst, ist das Leben friedlicher und das Zusammenleben angenehmer.

Wenn du rücksichtsvoll bist, wissen andere, dass sie dir wichtig sind. Du zeigst ihnen, dass du an sie denkst, und fragst nachher nach, ob alles in Ordnung ist. Wenn du auf andere Rücksicht nimmst, werden sie auch Rücksicht auf dich nehmen, denn Rücksichtnahme ist ansteckend.

Wie übt man Rücksicht?

Rücksicht fängt damit an, aufmerksam andere Mitmenschen zu beobachten, um herauszufinden, was sie mögen und was sie nicht mögen. Es ist wichtig, dass du lernst, welche Auswirkungen dein Handeln auf andere hat. Wenn dir das gelingt, kannst du dich darauf konzentrieren, auch auf die Gefühle der anderen einzugehen.

Als rücksichtsvoller Mensch nimmst du die Interessen anderer mit der gleichen Wertigkeit wie die eigenen wahr. Du fragst dich, bevor du handelst, ob die Gefühle anderer Menschen verletzt oder die Interessen anderer Menschen massiv gestört werden könnten. Sollte die Antwort „Ja" lauten, verzichtest du als rücksichtsvoller Mensch auf das Durchsetzen deiner Interessen und suchst nach angemessenen Alternativen.

Wenn du siehst, dass jemand ein Buch liest, dann sei leise und mache keinen Lärm. Wenn du siehst, dass jemand beschäftigt ist, dann stelle deine Frage später. Und wenn du jemanden aufräumen siehst, dann biete zumindest deine Hilfe an. Du solltest einen Blick dafür entwickeln und deine Sensibilität schärfen, damit du diese Dinge wahrnimmst und sie nicht einfach ignorierst. Menschen schätzen dieses Verhalten sehr und du wirst feststellen, dass viel mehr Leute mit dir zu tun haben wollen.

Wenn du Rücksicht nehmen willst, dann denke immer daran, was andere glücklich macht und wem du als Nächstes eine Freude bereiten kannst. Verschenke auch mal unaufgefordert etwas und denke dabei darüber nach, worüber sich diese Person besonders freuen könnte. Wenn jemand eine Erkältung hat, dann bringe dieser Person einen warmen Tee oder eine Wärmflasche. Es sind oft die kleinen Dinge, die einem im Nachhinein hoch angerechnet werden.

Der Weg des Erfolges

Selbstverpflichtung: Ich bemühe mich ...

... zu kontrollieren, ob mein Verhalten das Gefühlsleben anderer Menschen in Unordnung bringt, und versuche zu erkennen, ob mein Verhalten andere Menschen stört.

Die **20-Minuten** Erziehung

Tugend der Woche

RÜCKSICHT

- *Ich achte darauf, dass meine Taten keine negativen Auswirkungen auf andere haben!*
- *Ich höre anderen aufmerksam zu, um zu wissen, was ihnen wichtig ist.*
- *Wenn ich einen Freund einlade, frage ich erst die Familienmitglieder, ob es okay ist.*
- *Ich achte auf meine Worte, damit ich niemanden verletze!*

mehr Glück
mehr Frieden
mehr Harmonie

Demut

Demut

„Verstand wächst nur aus Demut. Dummheit wiederum nur aus Dünkel."

Leo N. Tolstoi (1828–1910), russischer Schriftsteller

Was ist Demut?

Der Ausdruck „Demut" kommt aus dem althochdeutschen *diomuoti* („dienstwillig", also eigentlich „Gesinnung eines Dienenden") und wurde von Martin Luther in die deutsche Sprache getragen. In der Übersetzung der biblischen Ausdrücke *tapeinophrosyne* (griechisch) beziehungsweise *humilitas* (lateinisch) bezeichnet es die Haltung des Geschöpfes zum Schöpfer, analog zum Verhältnis von Knecht und Herr. Letztlich wird Demut von uns im heutigen Sprachgebrauch auch als Bescheidenheit charakterisiert.

- Bescheiden sein heißt, dass du merkst, dass du nicht wichtiger als alle anderen Menschen bist.
- Das heißt, du bist bereit, aus deinen Fehlern zu lernen.
- Das heißt, dass du dein Bestes tust, ohne unnötig die Aufmerksamkeit anderer auf dich zu lenken.
- Das heißt, dass du dich eher auf das konzentrierst, was du noch lernen musst, als auf das, was du schon geleistet hast.
- Demut heißt dienen (siehe auch den Wert „Anderen dienen").

Warum soll man demütig sein?

Demut ist in unserer „Schreihalsgesellschaft“ eine verloren gegangene Tugend und bedarf einer gründlichen Auffrischung. Demut ist wichtig, weil sie dir hilft, dich eher auf dein Wachstum als auf die Fehler anderer zu konzentrieren.

Wenn du dir Gedanken darüber machst, wie du andere beeindrucken kannst, werden sie dir sagen, wie du sein sollst. Du wirst einen Teil von dir selbst verlieren und nicht mehr authentisch sein.

Demut hilft dir, verständnisvoll aus deinen Fehlern zu lernen, anstatt dich für sie schämen zu müssen.

Demut hilft dir auch, andere in ihrer Andersartigkeit vorurteilsfrei zu akzeptieren und nicht immer wieder deine eigene Weltsicht für die beste und wichtigste zu halten.

Wie ist man demütig?

Demütig bis du, wenn du nicht so sehr darauf achtest, was andere über dich erzählen, sei es Gutes oder Schlechtes. Du verschwendest keine Energie, um andere zu beeindrucken. Sei du selbst und tue dein Bestes.

Mache dir keine Sorgen über deine Fehler – lerne aus ihnen!

Halte dich zurück und frage mehr. Wenn du die Weisheit älterer Menschen erfahren und nutzen möchtest, lohnt es sich, demütig auf diese Menschen zuzugehen.

Der Weg des Erfolges

Selbstverpflichtung: Ich bemühe mich …

… Menschen in ihrer Andersartigkeit zu akzeptieren und meine Selbstreflexion zu stärken.

Die **20-Minuten** Erziehung

Tugend der Woche

DEMUT

- *Ich bin zwar stolz auf meine bisherigen Leistungen, aber ich konzentriere mich auf das, was ich noch lernen muss.*
- *Ich urteile nicht vorschnell über andere Menschen, nur weil sie anders sind.*
- *Ich konzentriere mich darauf, immer besser zu werden.*
- *Ich vermeide Vorurteile und urteile nicht über andere.*

mehr Glück
mehr Frieden
mehr Harmonie

Versöhnlichkeit

Versöhnlichkeit

„Bei jedem Streit ziehe die Versöhnung selbst dem leichtesten Siege vor!“

Georg Christoph Lichtenberg (1742–1799), deutscher Aphoristiker und Naturwissenschaftler

Was ist Versöhnlichkeit?

Es irrt der Mensch, solang er strebt. Fehler gehören zum Leben dazu. Versöhnlich sein heißt, über die Fehler anderer auch einmal hinwegzusehen und ihnen eine neue Chance zu geben. Damit ist nicht gemeint, Fehler zu ignorieren, aber auch nicht, sie zu dramatisieren oder gar verletzte Gefühle zu provozieren. Gib dem Menschen, der einen Fehler gemacht hat, eine zweite Chance, damit er sich verbessern kann.

Versönlichkeit bedeutet, dass du über die fehlerhafte Handlung eines anderen, egal wie falsch sie war und egal wie sehr sie dich verletzt hat, hinwegsehen kannst, ohne es dem anderen übel zu nehmen. Selbstverständlich vorrausgesetzt, dass dein Gegenüber seine Tat auch bereut. Ansonsten wird er denselben Fehler wieder und wieder machen.

Noch schwerer ist es für viele Menschen, versöhnlich mit sich selbst umzugehen und sich eigene Fehler zu verzeihen. Wer sich nicht selbst versöhnlich gegenübersteht, wird vermutlich auch anderen Menschen nur schwer verzeihen können.

Warum soll man versöhnlich sein?

Wir haben die freie Wahl: Es liegt in unserer Hand, ob wir Gutes oder Schlechtes tun, ob wir lügen oder die Wahrheit sagen. Und wir wissen, dass wir uns auch mal falsch entscheiden. Möglicherweise sehen wir die Dinge später anders als in dem Moment, in dem wir gehandelt haben. Jeder kennt dieses Gefühl und manchmal wünschen wir uns, Fehler nicht gemacht zu haben. Wichtig ist, dass wir keine Angst vor Fehlern bekommen. Es ist vollkommen normal, dass wir Fehler machen. Dann sollten wir uns nicht jahrelang Vorwürfe machen, sondern uns selbst verzeihen können.

Wenn du dir selbst verzeihst, kannst du aus deinen Fehlern lernen. Verzeihung ist die beste Art und Weise, um dich zu ermutigen, dich mehr anzustrengen und zu verändern.

Es ist kein angenehmes Gefühl, wenn einem nicht verziehen wird. Unversöhnliche Menschen vergeben keine zweite Chance. Für sie ist ein Fehler ein Fehler und muss bestraft werden. Dies hat zur Folge, dass sich andere Menschen in ihrer Nähe unwohl fühlen, weil sie Angst haben, Fehler zu machen. Versöhnlichkeit ist besonders wichtig für Eltern, denn nur wenn diese Tugend gelebt wird, ist es den Kindern möglich, sich selbst zu entfalten.

Wie ist man versöhnlich?

Es ist nicht leicht, versöhnlich zu sein. Du kannst dich dazu nicht zwingen. Entweder verzeihst du jemandem, wenn er dich gekränkt oder verletzt hat oder du verzeihst ihm nicht. Wenn du dich täuschst, indem du meinst, einer Person verziehen zu haben, obwohl du innerlich noch sehr „sauer" bist, könntest du sie unbewusst immer wieder bestrafen. Deine Enttäuschung und deine Wut kommen nur anders heraus – als Kritik, als böse Blicke oder dadurch, dass du die Person meidest.

Jetzt fragst du dich: „Wie kann ich versöhnlich sein, wenn ich mich nicht dazu zwingen kann?" Nun, das ist einfach: Fange damit an, dich in die andere Person hineinzuversetzen. Du kannst versuchen, dir vorzustellen, wieso diese Person so gehandelt hat. Denke daran, jeder Mensch macht mal einen Fehler. Irren ist menschlich und ein wichtiger Teil der persönlichen Entwicklung. Achte darauf, ob die Person ihre Tat oder ihre Worte bereut oder nicht. Daraus kannst du schließen, wie viel sie aus ihrem Fehler gelernt hat. In dem Moment, in dem du wie dein Gegenüber denkst, werden viele Dinge begreiflicher und plötzlich kannst du dieser Person verzeihen, denn möglicherweise hättest du in dieser Situation ähnlich oder gar genauso gehandelt.

Auch Liebe kann Versöhnlichkeit hervorrufen. Wenn du davon überzeugt bist, dass deine Liebe zu einer Person stärker ist als dein Schmerz oder deine Enttäuschung, dann kannst du dieser Person ebenfalls verzeihen.

Der Weg des Erfolges

Selbstverpflichtung: Ich bemühe mich ...

... zukünftig in Konfliktfällen als Erster die Lösung zu suchen und kompromissbereit und versöhnlich auf andere zuzugehen.

Die
20-Minuten
Erziehung

Tugend der Woche

VERSÖHNLICHKEIT

- *Ich gebe anderen die Chance, ihre Fehler wiedergutzumachen.*
- *Heute verzeihe ich jemandem, der einen Fehler gemacht hat.*
- *Ich bin nicht nachtragend, auch wenn ich sehr verletzt wurde.*
- *Ich vergebe Menschen ihre Fehler, wenn ich merke, dass sie sich bemühen, sie wiedergutzumachen.*

mehr Glück
mehr Frieden
mehr Harmonie

Transzendenz

Perfektion

Perfektion

„Ein Kunstfreund, zu Besuch bei Michelangelo, beobachtet den Maler, der letzte Hand an eines seiner Bilder legt. „Alles, was du änderst, sind ja nur Kleinigkeiten", stellt er schließlich fest.
„Gewiß, es sind immer die Kleinigkeiten, die zur Vollendung führen – und VOLLENDUNG, das wirst du mir sicher zugestehen, ist ihrerseits bestimmt keine Kleinigkeit!"

Unbekannt

Was ist Perfektion?

Unter Perfektion versteht man im Allgemeinen das übersteigerte Streben nach Vollkommenheit. „Das Bessere ist der Feind des Guten." Wer sich dem Perfektionismus verschreibt, steht meist unter körperlicher und psychischer Anspannung, kann schlecht abschalten, findet kein Ende bei der Arbeit, kann nicht entspannen und schon gar nicht seine Erfolge und Leistungen genießen.

Deshalb sprechen wir hier von Streben nach Perfektion und nicht vom Erreichen der Perfektion.

Dein Bestes tun heißt, dass du stets nach Perfektion strebst in dem Wissen, dass es diese nicht gibt. So bist du stets auf der Suche nach Weiterentwicklung in jedem Aspekt deines Lebens. Wenn du zu Hause dein Bestes gibst, bedeutet das, dass du dich um deine Familie kümmerst. Du machst dir darüber Gedanken, was du zum Zusammenleben beitragen kannst und wo du deinen Geschwistern oder deinen Eltern helfen kannst.

In der Schule bedeutet es, dass du versuchst, ständig aufmerksam zu sein, denn du möchtest zu dem Thema alles wissen und möglichst nichts verpassen.

Wenn du dein Bestes tust, ist eine Aufgabe erst dann beendet, wenn sie vollendet ist und nicht, wenn du nicht mehr weiterkommst. Du strebst danach, Dinge richtig zu machen. Für dich gibt es nur richtig machen oder gar nicht machen. Du wärest unzufrieden, wenn du dein Zimmer nur halb aufräumst, denn du hast im Hinterkopf, dass du mehr hättest machen können.

Für dich reicht es nicht, „gut genug" zu sein. Du verlangst ständig mehr von dir, um besser zu werden. Du gibst selten auf, denn wenn du nicht weiterkommst, bittest du um Hilfe. Du findest eine Lösung, egal wie groß der Zeitaufwand ist.

Dein Bestes tun heißt, dass du alles lernst, was du lernen kannst, um dir und anderen zu helfen.

Warum soll man Perfektion anstreben?

In dem du ständig dein Bestes gibst, entdeckst du deine Stärken und Schwächen, siehst, wo du dich verbessern könntest und welche besonderen Begabungen du hast. Du lernst viel über dich selbst und dein Ansehen wächst bei deinen Freunden, denn du bist „einer, der Dinge in Bewegung setzt".

Da du immer dein Bestes gibst, wirst du in dieser Welt einen großen Beitrag leisten. Du wirst anderen Menschen in Erinnerung bleiben als ein „Anpacker", denn das, was du sagst, wird auch gemacht. Deine Worte wiegen schwer und deine Mitmenschen werden glauben, was du erzählst.

Wie strebt man Perfektion an?

An dieser Stelle möchten wir noch einmal auf die Bedrohung durch die Perfektionsfalle hinweisen. Es geht nicht darum, schlampig, unzuverlässig und unverantwortlich zu sein. Es geht nicht darum, unzulängliche Arbeit abzuliefern, weil man sich nicht anstrengen will. Es geht auch nicht darum, keine Spitzenleistung abzuliefern oder sich dem Mittelmaß zu verpflichten, wenn wir allzu großen Perfektionismus als Geißel darstellen.

Es geht uns darum, Menschen zu motivieren, ihr Bestes zu geben und hundertprozentige Lösungen anzustreben, aber auch darauf zu achten, dass sie sich nicht überfordern und unter ihren zu hohen Ansprüchen leiden. Es geht darum, sich nicht selbst zu erniedrigen, wenn man nur eine 80- oder 90-prozentige Lösung erreicht hat. Es geht darum, die eigene Leistung zwar zu maximieren, aber immer auch zu akzeptieren.

Wir streben das Vollkommene an – und akzeptieren auch die Unvollkommenheit. Wir konzentrieren uns auf Erfolg statt auf Fehler und erlauben uns auf dem Weg in unbekanntes Terrain, auch vom Weg abzukommen, um nicht auf der Strecke zu bleiben.

Der Weg des Erfolges

Selbstverpflichtung: Ich bemühe mich ...

... alles so gut zu machen, wie ich kann – aber mit Freude!

Die
20-Minuten
Erziehung

Tugend der Woche

PERFEKTION

- *Ich bin ein „Macher". Ich erledige Aufgaben sofort und präzise.*
- *Ich strebe stehts nach Perfektion, obwohl ich weiß, dass es diese nicht gibt.*
- *Meine Ziele setze ich nur so hoch, dass ich sie tatsächlich erreichen kann.*
- *Ich werde nicht aufgeben, egal wie anspruchsvoll und zeitintensiv die Aufgabe ist.*

mehr Glück
mehr Frieden
mehr Harmonie

Taktgefühl

Taktgefühl

**„Freundschaft erlaubt einem nicht automatisch, dem anderen unangenehme Dinge zu sagen.
Je näher man einem Menschen ist, desto wichtiger werden Taktgefühl und Höflichkeit."**

*Oliver Wendell Holmes sen. (1809–1894),
amerikanischer Arzt und Schriftsteller*

Was ist Taktgefühl?

Taktgefühl ist Feingefühl. Manchmal tut die Wahrheit weh. Wenn du Menschen eine schlechte Nachricht verkünden musst, ist Taktgefühl gefragt. Es ist das Verpacken der Wahrheit in eine schönere Hülle. Taktgefühl ist, die Wahrheit so zu sagen, dass sich niemand gestört oder beleidigt fühlt. Wenn du die Wahrheit mit Taktgefühl vermittelst, ist es leichter für den Empfänger, die Wahrheit zu akzeptieren.

Wenn du weißt, dass die Wahrheit jemanden verletzen könnte, suchst du nach Möglichkeiten, dieser Offenbarung aus dem Weg zu gehen. Da du nicht lügen möchtest, sagst du in solchen Momenten dann besser nichts. Taktvoll sein heißt also, zu wissen, wann du besser nichts sagen solltest. Wenn du taktvoll bist, machst du nicht auf Unterschiede aufmerksam, die peinlich sind. Du achtest genauso auf die Gefühle anderer, wie sie deine Gefühle achten sollen.

Warum soll man Taktgefühl haben?

Nicht selten sind taktlose Menschen unsensibel und gedankenlos. Sie denken nicht lange nach, sondern sagen sofort, was ihnen einfällt. Manchmal verletzen sie genau durch diese „nassforsche" Art ihr Gegenüber. Taktgefühl ist das Mitempfinden von Gefühlen anderer Menschen. Wenn Menschen kein Taktgefühl haben, können sie die Bedürfnisse anderer nicht nachempfinden und verhalten sich dementsprechend.

Es ist wichtig, dass wir uns in die Lage anderer hineinversetzen, damit wir sie nicht mit der Wahrheit verletzen. Ein taktvoller Mensch versteht es, eine schmerzhafte Wahrheit mit Bedacht zu vermitteln.

Menschen, die Taktgefühl haben, sagen die Wahrheit immer sanft und liebevoll. Sie warten, bis sie gefragt werden, bevor sie etwas sagen, das einem anderen wehtun könnte.

Wie zeigt man Taktgefühl?

Taktgefühl zeigst du, indem du liebevoll die Wahrheit sagst. Bevor du etwas sagst, überlegst du dir, ob es nicht besser wäre, diese Sache gar nicht zu sagen. Du entscheidest, ob du schweigst oder sprichst. Oftmals musst du taktvoll sein, indem du Dinge für dich behältst, die anderen vielleicht wehtun würden. Wenn du Dinge sagen willst, dann mit Gefühl, um den anderen nicht zu verletzen. Sage es ihm nicht vor anderen Leuten und nicht so, dass es ihm peinlich sein könnte.

Wenn also eine gute Freundin ein T-Shirt trägt, das ihre Figur schlecht betont und farblich grässlich ist, würdest du nicht auf sie zugehen und ihr sagen, wie unvorteilhaft sie damit aussieht. Als taktvoller Mensch würdest du ihr sagen, dass das T-Shirt deiner Meinung nach nicht zu ihr passt.

Wenn du taktvoll bist, lenkst du die Aufmerksamkeit anderer nicht auf einen Menschen, der „anders" aussieht. Du zeigst nicht mit dem Finger auf ihn oder lachst, du siehst auch nicht weg, als wäre er hässlich. Du lächelst ihm zu und sagst „Hallo", genauso, wie du es mit jedem anderen Menschen machen würdest.

Der Weg des Erfolges

Selbstverpflichtung: Ich bemühe mich ...

... alles, was ich sage, daraufhin zu überprüfen, ob es angemessen ist und ob ich Menschen damit eine Freude mache oder sie verletze.

Die **20-Minuten** Erziehung

Tugend der Woche

TAKTGEFÜHL

- *Ich sage zwar die Wahrheit, aber achte darauf, dass sie nicht verletzend wirkt.*
- *Wenn ich jemanden auf etwas Persönliches hinweise, dann nicht vor anderen.*
- *Ich behandle Menschen nicht schlechter, nur weil sie sich von mir unterscheiden.*
- *Ich lasse andere ausreden.*

mehr Glück
mehr Frieden
mehr Harmonie

Optimismus

Optimismus

„Der Optimismus ist der wahre Stein der Weisen, der in Gold verwandelt, was immer er berührt."

Edwin Chapin (1814–1880),
amerikanischer Schriftsteller und Redner

Was ist Optimismus?

Optimismus (von lat: *optimum* „das Beste") ist ursprünglich der Glaube, in der besten aller möglichen Welten zu leben. Mit anderen Worten bezeichnet Optimismus ursprünglich Welt- und Lebensbejahung. Heute versteht man unter diesem Begriff im Allgemeinen eine schwache Form des Optimismus, nämlich den Glauben an ein gutes Ende. Im Licht dieser positiven Zukunftserwartung sehen Optimisten jeden gegenwärtigen und vergangenen Stand der Dinge, erscheine er noch so unheilvoll. Optimismus ist der Gegenpol zum Pessimismus.

Warum soll man optimistisch sein?

Optimisten haben mehr Spaß am Leben und werden im Krankheitsfall schneller gesund.

Der Berliner Professor Ralf Schwarzer hat über 600 Herz- und Lungenpatienten untersucht. Dabei hat er herausgefunden, dass Optimisten nach Operationen schneller wieder gesunden, zufriedener sind und auch schneller wieder an ihren Arbeitsplatz zurückkehren.

Optimisten lernen besser: Untersuchungen haben gezeigt, dass Kinder mit einer optimistischen Lebenseinstellung schneller und effektiver lernen und sich in der Schule wohler fühlen.

Optimismus schützt vor Herz-Kreislauf-Erkrankungen: Die Universität Rochester hat in einer Studie gezeigt, dass sich eine optimistische Einschätzung der eigenen Gesundheit positiv auf das Herz-Kreislauf-System auswirkt. Dabei ist es völlig egal, ob die positive Selbsteinschätzung medizinisch gerechtfertigt ist! Auch für die weniger fitten Testpersonen gilt nämlich: Wer sich selbst als gesund einschätzte, hatte im Vergleich zu Testpersonen, die sich um ihr Wohlergehen starke Sorgen machten, ein deutlich vermindertes Herzinfarkt- und Schlaganfallrisiko. Kann positives Denken Schmerzen lindern?

Ja: Wie stark ein Mensch Schmerzen empfindet, hängt nicht nur davon ab, was er tatsächlich spürt. Denn die Wirkung von Schmerz ist eng an die für die Erwartung eines Schmerzes zuständige Hirnregion gekoppelt. Optimisten, die keinen allzu schlimmen Schmerz erwarten, leiden deshalb weniger. Die Studie der Universität Rochester erklärt somit auch, warum der Optimismus einen positiven Einfluss auf den Zustand chronisch kranker Menschen hat.

Wie strahlt man Optimismus aus?

Wie bereits in Kapitel 1 erwähnt, untersuchte Martin Seligman die Frage, was Optimisten von Pessimisten unterscheidet. Er fand, dass sie andere Ursachenzuschreibungen vornehmen. Optimisten sehen die Ursache für angenehme Ereignisse, Erfolge usw. stabil in sich selbst, negative Ereignisse hingegen schreiben sie vorübergehenden situationsbedingten Ursachen zu. Bei Pessimisten ist es umgekehrt. Weitere Unterschiede kann man erkennen:

- **Dauerhaftigkeit**: Pessimisten halten die Ursachen für unangenehme Ereignisse, in die sie geraten, für dauerhaft und bleibend. Optimisten dagegen halten die Ursachen für zeitweilig und vorübergehend.
- **Geltungsbereich**: Pessimisten übertragen Fehlschläge, die sie in einem bestimmten Bereich hinnehmen müssen, ins Allgemeine; sie generalisieren. Optimisten dagegen sehen durch einen Fehlschlag in einem bestimmten Bereich andere Bereiche ihres Lebens unbeeinflusst.
- **Personalisierung**: Pessimisten geben sich selbst die Schuld für Fehlschläge, unangenehme Ereignisse usw. und haben daher eher ein schwaches Selbstwertgefühl. Optimisten suchen die Gründe für Fehlschläge dagegen eher bei anderen Menschen oder den Umständen und haben ein starkes Selbstwertgefühl.

Nach Seligman ist eine optimistische Lebenseinstellung erlernbar.

Der Weg des Erfolges

Selbstverpflichtung: Ich bemühe mich …

… um eine optimistische Lebenshaltung und versuche, die Fehlerfixierung, die ich in der Schule gelernt habe, auf ein Minimum zu beschränken.

Die **20-Minuten** Erziehung

Tugend der Woche

OPTIMISMUS

- *Auch wenn die Lage aussichtslos ist, bleibe ich optimistisch.*
- *Ich gebe erst dann auf, wenn alle Möglichkeiten ausgeschöpft sind.*
- *Wenn ich ein gutes „Bauchgefühl“ habe, vertraue ich darauf und bleibe optimistisch.*
- *Ich weiß, dass Optimismus alles in Gold verwandelt, was er berührt.*

mehr Glück
mehr Frieden
mehr Harmonie

Freude und Humor

Freude

„Das Leben ist zu kurz, um es ernst zu nehmen."

Oscar Wilde (1854–1900), irischer Schriftsteller

Was ist Freude?

Freude ist die innere Zufriedenheit mit sich selbst und seiner Umwelt. Wenn wir Freude empfinden, fühlen wir uns geliebt und verstanden. Wir freuen uns darüber, zu leben und dieses Leben zu genießen. Freude entsteht aus dem Bewusstsein, das zu machen, was wir als richtig erachten. Freude ist auch mit Spaß verbunden, doch es sind zwei verschiedene Dinge. Spaß entsteht durch äußerliche Einflüsse, Freude hingegen kommt von innen und kann nur durch unser Bewusstsein beeinflusst werden.

Freude ist durch äußere Umstände unveränderbar. Wenn wir eine Freude in uns tragen, kann selbst die lästigste Aufgabe (zum Beispiel Spinnenweben im Speicher wegmachen) interessant werden. Hausaufgaben können einfacher erledigt werden, weil wir Freude in uns spüren.

Freude gibt uns den inneren Halt, der uns durch harte Zeiten bringt, sogar dann, wenn wir sehr traurig sind.

Warum ist Freude so wichtig?

Freude ist der Docht, der es immer wieder schafft, das Feuer der Kerze zu entfachen. Wenn wir keine Freude empfinden, fehlt uns die Wärme im Leben. Dann wären wir immer nur dann fröhlich, wenn es äußere Faktoren zulassen. Wir würden uns schnell schlecht fühlen, wenn nicht mehr alles so klappt, wie wir wollen. Wenn wir keine Freude empfinden, fühlen wir uns in dem Moment schlechter, in dem der Spaß aufhört. Wenn wir allerdings ständige Freude empfinden, können wir auch fröhlich sein, selbst wenn es regnet oder schneit. Mit Freude fokussieren wir automatisch auf die positiven Aspekte jeder Situation.

Wenn wir Freude verspüren, passieren uns immer noch unterschiedliche Dinge – mal gute, mal schlechte. Wir bleiben aber im tiefsten Innern ruhig und gelassen. Wir fühlen uns nach wie vor geliebt und sicher. Wenn etwas Gutes passiert, freuen wir uns und die Glücksgefühle halten länger an. Wenn wir verletzt sind, fühlen wir uns natürlich traurig. Wenn wir die Kraft der inneren Freude zu Hilfe nehmen, dringt die Traurigkeit nicht so tief in uns ein. Die Traurigkeit kommt und vergeht wieder.

Wie empfindet man Freude?

Freude kommt von deinem Geist – sie ist in dir!

Egal was du machst, mache es mit Freude im Herzen. Genieße es! Wenn dir etwas Gutes passiert, genieße es in vollen Zügen. Wenn etwas Trauriges passiert, lass deine Traurigkeit aufkommen. Dann lass sie aber wieder los. Suche dir die Geschenke in dem, was passiert. Ist das, was passiert, eine Möglichkeit, stärker zu werden? Kannst du etwas Neues lernen? Kannst du anderen Menschen dadurch näherkommen?

Gönne dir deine innere Ruhe und Freude, auch wenn die Dinge ganz hart sind. Harte Zeiten gehen auch vorüber. Denke daran, dass du immer geliebt wurdest und wirst – sogar schon vor deiner Geburt.

Übe täglich das freundliche Gesicht und die freundliche Körperhaltung. Gepaart mit der freundlichen Stimme erreichst du eine vorzügliche Selbstbeeinflussung und machst auch anderen Freude.

Der Weg des Erfolges

Selbstverpflichtung: Ich bemühe mich ...

... Freude und Humor zu einem festen Bestandteil meines täglichen Lebens zu machen.

Die **20-Minuten** Erziehung

Tugend der Woche

FREUDE & HUMOR

- *Meine Freude kommt aus tiefster Überzeugung und ist keine Umstandserscheinung.*
- *Heute bleibe ich in jeder Situation ruhig und gelassen.*
- *Egal, was ich mache, ich mache es mit Freude im Herzen.*

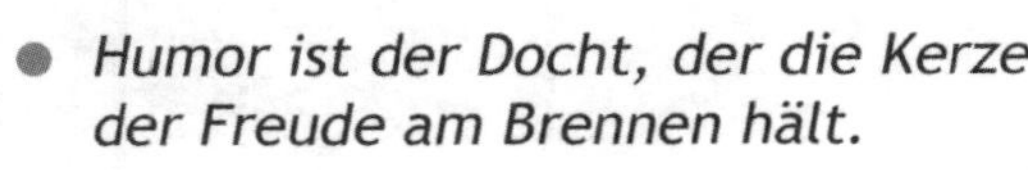

- *Humor ist der Docht, der die Kerze der Freude am Brennen hält.*

mehr Glück
mehr Frieden
mehr Harmonie

Spiritualität

Spiritualität

„Alles würde sich ändern, wenn der Mensch erst einmal Ja sagen würde zur Spiritualität; aber die Natur seines Denkens, seines Vitalen und seines Körpers rebelliert gegen das höhere Gesetz. Er ist in seine Unvollkommenheit verliebt."

Sri Aurobindo (1872–1950), Kaskaden des Lichts

Was ist Spiritualität?

Spiritualität beschreibt den Menschen in geistigen Zusammenhängen und in der Sinnsuche jenseits unserer greifbaren Realität, in religiösen Richtungen oder „metaphysischen" Lehren. Spirituelle Menschen sind Menschen, die nach dem tieferen Sinn des Lebens fragen, die offen sind für die Idee des Göttlichen und von einer geistigen Welt jenseits unserer sichtbaren Welt überzeugt sind. Sie glauben im tiefsten Innern daran, dass unabhängig von Theologie oder Religion das Leben einen tieferen Sinn hat.

Wenn Menschen Zugang zur Spiritualität herstellen können, schaffen sie es oft, dem Leben Sicherheit und Geborgenheit zu geben, was in einer zutiefst unreligiösen Welt sehr wichtig ist. Spiritualität heißt, vorsichtig und liebevoll mit allem umzugehen, was Gott geschaffen hat.

Warum soll man spirituell sein?

Ohne Spiritualität bleibt es dir überlassen, festzustellen, was gut und was schlecht ist. Du kannst über deine wahre Natur und das für dich Notwendige nur rätseln. Ohne Spiritualität musst du akzeptieren, dass du alleine bist.

Der Zugang zur Religion als eine Möglichkeit der Spiritualität ist wie eine Straßenkarte für das Leben; sie zeigt dir den Weg, den du nehmen musst, um wachsen zu können und alles zu vermeiden, was dir schadet. Mit Spiritualität kannst du deine Natur sowie alles Wichtige im Leben verstehen.

Wie ist man spirituell?

Spirituell sein fängt damit an, dass du dich über die Möglichkeiten deiner Kirche informierst. Verschiedene Menschen haben verschiedene Glauben. Manche folgen Jesus Christus, andere Moses, andere Muhammad und so weiter. Du und deine Familie habt eure eigenen Ansichten über den Boten, dem ihr folgt.

Manche Familien glauben, dass alle Heiligen Bücher der Wahrheit entsprechen. Das Wichtigste ist, zu entdecken, was Gott durch seine Boten gelehrt hat, und dein Leben gemäß Gottes Lehren zu führen.

In allen Religionen spielen Gebet und Meditation eine große Rolle. Durch Beten und Meditieren kommst du Gott näher und bekommst seine Hilfe und seinen Rat – Tag für Tag. Wenn du dich darüber informierst, welches Verhalten sich Gott von dir wünscht, musst du unerschütterlich bleiben. Du musst jeden Tag etwas dazulernen, dich etwas bessern, dich etwas mehr bemühen, Gott näher zu kommen.

Der Weg des Erfolges

Selbstverpflichtung: Ich bemühe mich ...

... den Gedanken an eine stärker gelebte Spiritualität zu festigen und mit einem „unverfänglichen" Morgengebet zu beginnen.

Die **20-Minuten** Erziehung

Tugend der Woche

SPIRITUALITÄT

- *Ich versuche, meinem Leben einen tieferen Sinn zuzuordnen.*
- *Ich beginne den Tag mit einem Dankesgebet.*
- *Ich teile meine Überzeugung mit meiner Familie und meinen Freunden.*
- *Ich nehme mein Leben selbst in die Hand, aber bin dankbar für jede Chance, die sich mir bietet.*

mehr Glück
mehr Frieden
mehr Harmonie

Epilog

In unseren Seminaren erleben wir immer wieder eine große Unsicherheit in der Auseinandersetzung von Erziehungsverantwortlichen mit dem Thema Macht und Autorität. Wie sehr darf ich Autorität ausüben? Kann zu viel Autorität bleibenden Schaden anrichten? Ist Macht generell schlecht? Heißt Liebe und Vorbild, auf Machtausübung zu verzichten?

Von Neills Summerhill über die Theorien der antiautoritären Erziehung, Kommune 1 und Hippie-Bewegung der Nach-68er-Generation bis hin zu gedankenloser Autorität und Macht in der heutigen Zeit haben unzählige Theorien nicht nur Eltern verunsichert, sondern auch Heerscharen von engagierten Pädagogen teilweise auf Irrwege geführt.

Trotz moderner Sozialromantik darf eines aber nicht vergessen werden: Erziehungspersonen besitzen meist über lange Zeit absolute Macht über ihre Kinder. Gut können wir im Alltag beobachten, wie Mütter ihre Kinder unter großem Geschrei und Gezeter gegen deren deutlichen Widerstand erziehen.

Kinder sind dabei meist hilflos und letztlich ausgeliefert. Die Beziehungspersonen sind „Herrscher“ und bestimmen im wahrsten Sinne über Leben und Tod.

Ein Kind ist dem Verhalten despotischer oder tyrannischer Bezugspersonen in der Regel weder physisch noch psychisch gewachsen und seit Kurzem wissen wir auch viel über die neurowissenschaftlichen Konsequenzen unserer

Erziehungsmethoden. Wie sehr schon zu Lebzeiten unserer Großeltern Vater und Mutter als Machtpersonen über das Schicksal der Kinder entschieden, können wir in allen alten und neuen Märchen wie „Aschenputtel" und „Hänsel und Gretel" und ebenso in „Harry Potter" beobachten. Alle erzählen vom Leiden der Kinder unter despotischen Erwachsenen und über die Auseinandersetzung mit dieser Macht. Vergessen wir aber dabei nicht die Doppelrolle der Macht. Sie bedeutet in der Konsequenz nicht selten ja auch Schutz und Konfliktvermeidung für die Kinder. Wenn ein Vater sein Kind zurückzerrt, weil es gerade über die Fensterbrüstung klettern will, wirkt sich machtvolles Eingreifen lebensrettend aus.

Tagtäglich nützen Eltern und Erzieher auf diesem Planeten ihre Macht, um Kinder so zu erziehen, dass sie „funktionieren". Kinder fühlen sich aber auch geborgen, weil sie ihre Eltern als mächtig erleben. Gerade die irrealen Ur-Ängste in jungen Jahren stehen nicht erst seit Sigmund Freud im Mittelpunkt der Betrachtung von Persönlichkeitsentwicklung und sind untrennbar mit der Beziehung zwischen Kindern und Erziehungspersonen verbunden. In den Augen von Kindern haben Eltern lange Zeit übermenschliche Kräfte und sind die wichtigsten Schutzpersonen im Kampf gegen mystische Gestalten ihrer Nacht- und Tagträume. Im gelungenen Entwurf wandelt sich die Macht der Erwachsenen durch Liebe zu Autorität. So kann liebevolle und wertorientierte Macht als Form der Autorität Vertrauen schaffen und sogar Angst abbauen. Dann führt eher der Mangel an Autorität zu Angst, Unsicherheit und Orientierungslosigkeit.

Aber auch schon kleine Kinder stellen, wie wir oft in Supermärkten beobachten können, immer wieder den Macht- und Führungsanspruch der Eltern infrage. Später, nachdem oft viele Jahre zwischen der ersten Trotzphase in jungen Jahren und dem Streben nach Selbstständigkeit eher ruhig und entspannt verlaufen sind, bricht in der Phase der Pubertät dieser Machtkampf wirklich offen aus. Pubertät ist die Zeit, in der die Eltern schwierig werden, sagen Jugendliche.

Nicht selten verspielen Eltern in dieser Zeit durch Unkenntnis über die hormonellen und psychischen Schübe in der für Kinder wirklich schweren Zeit ihren gesamten über Jahre hinweg gesammelten Kredit und sind oft auf Jahre hinaus nicht mehr konsensfähig.

Wie historische Betrachtungen zeigen, waren Eltern und Erzieher in der Wahl der Methoden zur Durchsetzung ihrer Macht und ihrer Interessen tatsächlich nicht zimperlich. Es gehörte – auch wenn das für uns heute schwer nachvollziehbar ist – wirklich einmal zu den allseits akzeptierten Strategien in Schule und Elternhaus, Kinder und Jugendliche teilweise brutal zu schlagen, sie zu demütigen oder zu beschämen. Aus Erzählungen wissen wir, dass bestimmte Schulfächer, zum Beispiel Latein, im wörtlichen Sinn „eingebläut" wurden.

Ausgegrenzt auf dem Strafstuhl zu sitzen oder in der Ecke zu stehen waren in meiner Schulzeit noch die harmlosesten Formen der Demütigung.

Noch vor zwei Jahren kam mein jüngster Sohn, nachdem er nach jahrelanger Sozialisation in einer amerikanischen International School, die bekanntermaßen versucht, die Kinder zu erwischen, wenn sie etwas Gutes gemacht haben, auf ein deutsches Gymnasium. Nach einer Woche kam er nach Hause und sagte: „Dad, irgendetwas stimmt hier nicht. Immer wenn ich mich melde, um zu zeigen, dass ich etwas weiß, komme ich nicht dran. Aber wenn ich mich nicht melde, nimmt der Lehrer mich dran. Will er mich bloßstellen?" Versuchen Sie nun, diese Beobachtung einmal methodisch und didaktisch zu begründen. Fällt schwer, oder?

Als letzte Bastion haben wir ja glücklicherweise – auch wenn viele Eltern gerade heute aus Hilflosigkeit gerne dahin zurückkehren möchten – die Prügelstrafe gekippt und gesetzlich ihre Abschaffung verankert, bei uns bereits in den 60er-Jahren, in England erst in den 80er-Jahren.

Aus unserer Sicht ist körperliche Gewalt gegen Kinder absolut unzulässig und ein Eingeständnis der eigenen Schwäche. Ein Kind darf nie geschlagen oder psychisch gedemütigt werden. Wie Bernhard Bueb, lange Jahre Leiter des internationalen Internats Salem, in seinem Buch *Lob der Disziplin* treffend formuliert, wäre die Schlussfolgerung aber falsch, dass Autorität in der Erziehung unzulässig sei, weil der schwache Lehrer oder Erzieher solche Mittel anwenden könnte.

Obwohl die Torheiten der Schriften von Summerhill mittlerweile nur allzu oft beschrieben wurden, hat sich seit dieser Zeit – besonders bei Pädagogen – die Vorstellung gehalten, vornehmlich auf die Kräfte der Selbstentwicklung bei Jugendlichen zu setzen.

Selbst von eher konservativen Betrachtern werden mittlerweile Begriffe wie Pflicht, Gehorsam, Autorität oder Regeln sehr vorsichtig benutzt und haben keine Konjunktur. Das gnadenlose Freiheitsstreben in der modernen Gesellschaft hat mit allen Verpflichtungen in Bezug auf Grenzen, Rituale und Tabus gebrochen und damit ein Vakuum der Hilflosigkeit erzeugt, in dem der Rückkehr zur gedankenlosen Macht wieder Vorschub geleistet wird. So müssen wir heute feststellen, dass Eltern, Lehrer und Erzieher in ihrem täglichen erzieherischen Handeln nicht mehr selbstbewusst als Autorität auftreten, nicht mehr selbstverständlich Gehorsam einfordern können und daher Disziplin im Alltag verloren gegangen ist. Schnell macht sich, wer nach Regeln und Grenzen und vielleicht sogar noch nach Gehorsam ruft, seinen Ruf kaputt und stigmatisiert sich als „autoritär"!

Die Konsequenzen für die Entwicklung eines gesunden SELBST von Kindern und für die Einbettung einer Erziehung in ein Klima von Vertrauen und Zuverlässigkeit sind katastrophal. Orientierungslosigkeit – gerade was die Verortung von Tugenden und Werten betrifft – bestimmt den Alltag in Erziehungssituationen, ob im Elternhaus, im Kindergarten oder in der Schule. Jugendliche und Kinder rufen, nicht erst nach Alfred Adlers Theorie der Individualpsychologie, nach Autorität und klaren Regeln. Ja sie sehnen sich geradezu nach Ordnung, Begrenzungen und Ritualen. Sie brauchen diese Vorgaben von Erwachsenen, damit sie Orientierung und Halt finden und ermutigt werden, Grenzen zu überwinden. Gerade das Reiben an der Autorität ist ein wichtiger entwicklungspsychologischer Aspekt, der nicht übersprungen werden darf und der in eine stabile Selbstständigkeit führt. „Wer Selbstbestimmung lernen will, muss Unterordnung gelernt haben. Wenn Jugendliche in der Zeit des Umbruchs, der Pubertät, die auch die Zeit der Selbstentdeckung und Selbstfindung ist, keiner Autorität begegnen, mit der sie sich auseinandersetzen können, bleibt dieser Prozess kraftlos, weil den Jugendlichen ein Gegenüber fehlt, an dem sie sich reiben, an dem sie aber auch wachsen können." So schreibt Bernhard Bueb.

Eltern müssen zu ihrer Vorbildfunktion und zu ihrer Macht stehen und oft fehlt es dabei an legitimen Modellen und klaren Anweisungen. Nicht selten suchen dann gerade Mütter den eher „schwesterlichen" oder „freundschaftlichen" Schulterschluss und verspielen Macht und Autorität, indem sie zu früh ein partnerschaftliches Verhältnis zu ihrem Kind anstreben.

Kinder brauchen Regeln, so hieß der Weltbestseller des Adlerschülers Rudolf Dreikurs. Und sein Schüler Theo Schoenacker, Leiter des Dreikursinstituts in Zündersbach in der Rhön, wurde nicht müde, die Bedeutung von kluger Autorität und verantwortungsvoller Macht zu beschreiben und in Elternkursen darauf hinzuweisen. Kinder haben ein Recht auf einen klaren Machtanspruch von Eltern, legitimiert durch Liebe. Also auch auf den Aufbau und die Pflege von Autorität. Nur wenn Eltern und Erzieher sich dieser Pflicht bewusst sind und zum Beispiel durch unser 20-Minuten-Programm diese Autorität auch ausüben, kann Werteerziehung gelingen.

Sigmund Freud schrieb, die Generationen von Babys glichen einem Einfall von Barbaren. Ihnen mangele es an Kultur, Einsichtsfähigkeit und Disziplin.

Nur mit Regeln, klaren Anweisungen und Autorität lässt sich ihre Sozialisation zu gelungenen Mitgliedern unserer Erwachsenenwelt bewerkstelligen.

Aber die Autorität muss gelebt werden und sich deutlich zeigen. Autorität muss auch erarbeitet werden.

Nach zu langer Ausübung und Gewährung von grenzenloser Freiheit macht sich ein Erzieher lächerlich, wenn er in Konfliktsituationen aus plötzlicher Hilflosigkeit heraus versucht, Gehorsam einzufordern.

Bei der Gratwanderung zwischen Disziplin und Liebe entscheiden sich Eltern heute sehr schnell für mehr Liebe. Aber gerade ihre Liebe macht eine strategische Haltung, wie wir sie mit dem 20-Minuten-Programm anbieten, schon zur Pflicht.

„Der Begriff der antiautoritären Erziehung war schon deswegen absurd, weil Erziehung ohne Autorität keine Erziehung ist. Die Autorität legitimiert sich in der Familie durch die von Natur aus bestehende Fürsorge der Eltern für ihre

Kinder und deren Hilflosigkeit und Unfähigkeit zum selbstständigen Überleben", schreibt Bueb und macht damit unser 20-Minuten-Programm zur Werteerziehung zu einem klaren Bekenntnis zu gelebten Werten und Tugenden.

Allerdings fühlen wir uns inhaltlich eher der „professionellen Balance" des Erziehungswissenschaftlers Prof. Dr. Rolf Arnold verpflichtet, der die Kinder nicht als Gegner betrachtet, sondern ihnen mit Achtung, einfühlendem Verstehen und persönlicher Authentizität begegnet – im Gegensatz zu Bernhard Buebs rigorosem Ansatz *Lob der Disziplin*.

Ihnen wünschen wir viel Erfolg und Durchhaltevermögen. Ganz im Sinne von Erich Kästner: „Es gibt nichts Gutes – außer man tut es!"

Wir freuen uns auf Ihr Feedback und einen möglichen Dialog auf www.20Minuten-erziehung.de

Helmut und Frederic Merlin Fuchs

Rom im Juni 2011

In eigener Sache

Die Autoren führen regelmäßig Seminare zu dem Thema „Die 20-Minuten-Erziehung“ durch und stehen auf Wunsch auch für Vorträge oder Workshops zur Verfügung. Mehr unter:

www.20minuten-erziehung.de

Das Buch *Die 20-Minuten Erziehung* gibt es auch als Hörbuch und demnächst auch als E-book. Mehr unter:

www.launologie-shop.de

Wir – die Autoren – freuen uns auf eine rege Diskussion mit Ihnen.

Herzlichst
Frederic Merlin Fuchs & Helmut Fuchs

Regelmäßige News und Artikel zum Thema finden sie in unserem kostenlosen Magazin:

www.zukunfttraining.de

Literatur

Albrecht, Clemens: Werteerziehung und Werteurteilskraft. Die Aktualität einer alten Debatte. In: Zeitschrift für Pädagogik H. 6/2001, S. 879-892.

Alibegovic, Frank: Didaktische Möglichkeiten einer erfolgreichen Werteerziehung. Nordenstedt, 2006

Arnold, Rolf: Aberglaube Disziplin. Heidelberg 2007

Baumann, Zygmunt: Unbehagen in der Postmoderne. Hamburg 1999

Baumert, Jürgen: Deutschland im internationalen Bildungsvergleich. In: Killius, Nelson/Kluge, Jürgen/Reisch, Linda (Hrsg.): Die Zukunft der Bildung. Frankfurt/M. 2002, S. 100-131

Bayertz, Kurt (Hrsg.): Politik und Ethik. Stuttgart 1996

Beck, Ulrich: Risikogesellschaft. Auf dem Weg in eine andere Moderne. Frankfurt/M 1986

Becker (S. 44) Zur Aktualität von Howard S. Becker: Einleitung in sein Werk von Dagmar Danko Vs Verlag (April 2012)

Behrmann, Günter: Politisches und soziales Lernen. In: Mickel, Wolfgang W. (Hrsg.): Handbuch zur politischen Bildung. Schriftenreihe der Bundeszentrale für politische Bildung Bd. 358. Bonn 1999, S. 238-243

Berding, Helmut (Hrsg.): Bürgerliche Werte und Politik. Göttingen 1997

Birkenbihl – F.A.Z.-Serie: Gehirntraining 21. April 2008

Böckenförde, Ernst-Wolfgang: Die Entstehung des Staates als Vorgang der Säkularisation. In. Ders.: Staat, Gesellschaft, Freiheit. Frankfurt 1976, S. 42-64

Bourdieu, Pierre: Wie die Kultur zum Bauern kommt. Über Bildung, Schule und Politik. Hamburg 2001

Breit, Gotthard/Schiele, Siegfried (Hrsg.): Werte in der politischen Bildung. Schwalbach 2000

Brezinka, Wolfgang: Erziehung in einer Wertunsicheren Gesellschaft. München 1993

Bueb, Bernhard: Lob der Disziplin: Eine Streitschrift. 6. Aufl. 2006

Busemann, Bernd: Die Gefahr abwehren. Mit dem Mantel der Liebe nicht alles bedecken. In: Frankfurter Rundschau v. 13.10.03, S. 10

Coles, Robert: Moralistische Intelligenz oder Kinder brauchen Werte. Berlin 1998

Dehnerm, Klaus: Die Lust an der Moral. Die natürliche Sehnsucht nach Werten. Darmstadt 1998

Detjen, Joaschim: Werteerziehung im Politikunterricht mit Lawrence Kohlberg? Skeptische Anmerkungen zum Einsatz eines Klassikers der Moralpsychologie in der politischen Bildung. In: Breit/Schiele 2000, S.303-335

Deutscher Shell (Hrsg.): Jugend 2002. Zwischen pragmatischem Idealismus und robustem Materialismus. Frankfurt 2002

Dichter, Ernest: Strategie im Reich der Wünsche. München 1964

Dörner, Klaus: Die allmähliche Umwandlung aller Gesunden in Kranke. In: Frankfurter Rundschau v. 26.10.2002

Dörner, Klaus: Gesundheit ist ohne Leiden nicht zu haben. In: Frankfurter Rundschau v. 22.11.2003

Dulisch, Frank (Hrsg.): Wertewandel und Wertevermittlung. Brühl 1996

Duncker, Christian: Dimensionen des Wertewandels in Deutschland. Eine Analyse anhand ausgewählter Zeitreihen. Frankfurt/M. 1998

Ebert, Anna: Das Schulfach Ethik. Seine geistes- und schulgeschichtlichen Wurzeln und seine Realisierung an den bayerischen Gymnasien nach 1945 Bad Heilbrunn 2001

Enders, Susanne: Moralunterricht und Lebenskunde. Studien zur Vorgeschichte des Ethikunterrichts im Wilhelminischen Kaiserreich. Bad Heilbrunn 2002

Enders, Susanne: Moralerziehung im Pluralismus. Zu den historischen Vorläufern des Ethikunterrichts im Wilhelminischen Kaiserreich. In: Neue Sammlung H. 1/2003, S. 61-72

Fabian, Rainer: Schule im Wertewandel. Oldenburg 1995

Fest, Joachim: Die schwierige Freiheit. Über die offene Flanke der offenen Gesellschaft. Berlin 1993

Fisch, Rudolf/Miller, Max: Argumentationen als moralische Lernprozesse. In: Zeitschrift für Pädagogik H. 2/1982, S. 299-314
Fuhr, Thomas: Moralisches Lernen als Differenzierungsprozess. In: Neue Sammlung H. 4(1993, S. 643-660
Fuhrmann, Manfred: Bildung. Europas kulturelle Identität. Stuttgart 2002

Gensicke, Thomas: Sind die Deutschen reformscheu? Potenziale der Eigenverantwortung in Deutschland. In: Aus Politik und Zeitgeschichte, B 18/1998, S. 19-30;
Giesecke, Hermann: Leben nach der Arbeit. Ursprünge und Perspektive der Freizeitpädagogik. München 1983
Giesecke, Hermann: Die pädagogische Beziehung. Weinheim-München 1997
Giesecke, Hermann: Hitlers Pädagogen. Theorie und Praxis nationalsozialistischer Erziehung. Weinheim-München, 2. überarb. Aufl. 1999
Giesecke, Hermann: Wie lernt man Werte? Grundlagen der Sozialerziehung. Winheim-München 2005
Gladwell, Malcolm: Überflieger – Warum manche Menschen erfolgreich sind – und andere nicht. Frankfurt/M 2009
Goleman, Daniel: Emotionale Intelligenz. München 1995

Hendricks, Renate: Ein Schonraum. Schülern Vertrauen schenken. In: Frankfurter Rundschau v. 13.10.03, S. 10
Hentig, Hartmut von: Ach, die Werte! München/Wien 1999
Hepp, Gerd: Wertesynthese – Eine Antwort der politischen Bildung auf den Wertewandel. In: Aus Politik und Zeitgeschichte, B 46/1989, S. 15-23
Hepp, Gerd: Wertewandel und bürgerschaftliches Engagement – Perspektiven für die politische Bildung. In. Aus Politik und Zeitgeschichte, B 29/2001, S. 31-38
Herzinger, Richard: Was für den Westen zählt, oder: Sind amerikanische Werte auch unsere Werte? In: Aus Politik und Zeitgeschichte B 18/2002, S. 3-6
Hillmann, Karl-Heinz: Wertewandel. Ursachen – Tendenzen – Folgen. Würzburg 2003
Homann, Karl: Individualisierung: Verfall der Moral? Zum ökonomischen Fundament aller Moral. In: Aus Politik und Zeitgeschichte B 21/1997, S. 12-21

Hurelmann (S. 43) Kinder Bildung Zukunft: Wege aus der Krise von Klaus Hurrelmann und Adolf Timm von Klett, Juli 2011

Inglehart, Ronald: Kultureller Umbruch. Wertewandel in der westlichen Welt. Frankfurt/M. 1995

Joas, Hans: Die Entstehung der Werte. Frankfurt 1997

Jugendwerk der dt. Shell (S. 46) aus: Die Lebensweisheiten der 15-jährigen: Warum unsere Jugend besser ist als ihr Ruf von Andreas; Huber und Helmut Fuchs, Ariston (März 2003)

Kalb, Peter E. (Hrsg.): Werte und Erziehung. Kann Schule zur Bindungsfähigkeit beitragen? Weinheim/Basel 1996

Klages, Helmut: Werte und Wandel. Ergebnisse und Methoden einer Forschungstradition. Frankfurt/M 1992

Klages, Helmut: Traditionsbruch als Herausforderung. Perspektiven der Wertewandelsgesellschaft. Frankfurt 1993

Klages, Helmut: Engagement und Engagementpotential in Deutschland. Erkenntnisse der empirischen Forschung. In: Aus Politik und Zeitgeschichte, B 29/2001, S. 7-14

Klages, Helmut/Gensicke, Thomas: Wertewandel und bürgerschaftliches Engagement an der Schwelle zum 21. Jahrhundert. Speyer 1998

Klages, Helmut: Brauchen wir eine Rückkehr zu traditionellen Werten? In: Aus Politik und Zeitgeschichte, B 29/ 2001, S. 7-14

Klages & Kmieciak (S. 45); Wertwandel und gesellschaftlicher Wandel von Helmut Klages und Peter Kmieciak Frankfurt a. M. 1998

Klein, Ansgar (Hrsg.): Wertediskussion im vereinten Deutschland. Köln 1995

Kluchert, Gerhard/Leschinsky, Achim: Glaubensunterricht in der Säkularität. Religionspädagogische Entwicklung in Deutschland seit 1945. In: Comenius-Institut (Hrsg.): Christenlehre und Religionsunterricht. Interpretationen zu ihrer Entwicklung 1945-1990. Weinheim 1998, S. 1-113

Kluckhon (S. 44) Personality in Nature, Society and Culture von Clyde. Henry A. Murray (Eds.) Kluckhohn von New York, A. A. Knopf

Kohlberg, Lawrence: Die Psychologie der Moralentwicklung. Frankfurt 2.Aufl. 1997

Kraus-Josef: Spaßpädagogik. München 1998

Ladenthin, Volker: Ethikunterricht in der Aufklärung. Überlegungen zum "Ersatzfach Ethik" an allgemein bildende Schule. In: Vierteljahresschrift für Wissenschaftliche Pädagogik H. 1/1997, S. 6-29
Ladenthin, Volker: Ethik und Bildung in der modernen Gesellschaft. Die Institutionalisierung der Erziehung in systematischer Perspektive. Würzburg 2002
Langguth, Gert: Jugend und Wertewandel. Binn 1996
Lenhart, Volker: Pädagogik der Menschenrechte. Wiesbaden 2003
Leschinsky, Achim: Das Prinzip der Individualisierung. Zur Dialektik der Auseinandersetzungen um die Konfessionsschule nach 1945. In: Recht der Jugend und des Bildungswesens H. 1/1990, S. 3-23
Leschinsky, Achim: Vorleben oder Nachdenken? Bericht der wissenschaftlichen Begleitung über den Modellversuch zum Lernbereich „Lebensgestaltung – Ethik – Religion". Frankfurt 1996
Leschinsky, Achim: Das pädagogische Schisma – Wege einer Klärung. In: Zeitschrift für Pädagogik H.6/2003, S. 855-869
Leschinsky, Achim/Schnabel, Kai: Ein Modellversuch am Kreuzweg. Möglichkeiten und Risiken eines moralisch evaluativen Unterrichts. In: Zeitschrift für Pädagogik H. 1/1996, S. 31-55
Litt, Theodor: Die politischen Selbsterziehung des deutschen Volkes. Bonn 1954
Lorenz, Andre: Werte sind im Kommen. Abschied von der Ellenbogengesellschaft. Augsburg 1996
Lott, Martin: Pädagogik. Traditionelle und neue didaktische Konzeptionen im Hinblick auf eine Werteerziehung. Hamburg 1996
Lübbe, Hermann: Werte im pluralistischen Staat. Sankt Augustin 1997

Merten, Roland: Haben Kinder und Jugendliche keine Werte mehr? In: Neue Sammlung H. 2/1994, S. 233-246
Meulemann, Heiner: Werte und Wertewandel. Zur Identität einer geteilten und wiedervereinten Nation. Weinheim 1996
Mitscherlich, Alexander: Auf dem Weg zur vaterlosen Gesellschaft. München 1963
Müller, C. Wolfgang (Hrsg.): Gruppenpädagogik: Auswahl aus Schriften und Dokumenten. Weinheim/Berlin/Basel 1970

Nave-Herz, Rosemarie: Familie heute. Wandel der Familienstrukturen und Folgen für die Erziehung. 2. überarb. Aufl. Darmstadt 2002

Noelle-Neumann, Elisabeth/Petersen, Thomas: Zeitenwende. Der Wertewandel 30 Jahre später. In: Aus Politik und Zeitgeschichte, B 29/2001, S. 15-22

Nohl, Herman: Das Verhältnis der Generationen in der Pädagogik. In: Ders.: Pädagogische Aufsätze, 2.Aufl. Langensalza 1929

Oelkers, Jürgen: Erziehungsstaat und pädagogischer Raum. Die Funktion des idealen Ortes in der Theorie der Erziehung. In: Zeitschrift für Pädagogik H. 4/1993, S. 631-648

Oelkers, Jürgen: Reformpädagogik. Eine kritische Dogmengeschichte, 3. erw. Aufl. Weinheim 1995

Oelkers, Jürgen/Prior, Harm: Soziales Lernen in der Schule. Berlin 1982

Pighin, Gerda: Kindern Werte geben – aber wie? München 2005

Plessner, Helmuth: Grenzen der Gemeinschaft. Bonn 1924

Prange, Peter: Werte – Von Plato bis pop – Alles, was uns verbindet. Hamburg 2004

Prior, Harm (Hrsg.): Soziales Lernen. Berlin 1976

Prior, Harm (Hrsg.): Soziales Lernen in der Praxis. München 1978

Rauschenberger, Hans: Soziales Lernen – Nutzen und Nachteil eines mehrdeutigen Ausdrucks. In: Zeitschrift für Pädagogik H. 3/1985, S. 301-320

Reinhardt, Sybille: Moral und Werteerziehung. In: Wolfgang Sander (Hrsg.): Handbuch politische Bildung. Schwalbach/Ts. 1997, S. 338-348

Reinhardt, Sybille: Werte-Bildung und politische Bildung. Opladen 1999

Rokeach (S. 45); Rokeach M, (1979) Understanding Human Values: Individual and Societal. New York: Free Press; Rokeach M. 1973. The Nature of Human Values. New York: Free Press

Rosenbladt, Bernhard von (Hrsg.) Freiwilliges Engagement in Deutschland. Ergebnisse der Repräsentativerhebung zu Ehrenamt, Freiwilligenarbeit und bürgerlichem Engagement in Deutschland. Bonn 2000

Schiele, Siegfried: Möglichkeiten und Grenzen der politischen Bildung bei der Vermittlung von Werten. In: Breit, Gotthard/ Schiele, Siegfried (Hrsg.): Werte in der politischen Bildung. Schwalbach 2000 S. 1-15

Schmid (S. 41) Schönes Leben ? Einführung in die Lebenskunst von Wilhelm Schmid, Suhrkamp Verlag (Taschenbuch – 20. Dezember 2004)

Schreiner, Günter/Beck, Gertrud/Prior, Harm: Soziales Lernen in der Schule. Hannover 1977

Schwartz (S. 47);

Schwartz SH, Bilsky W. (1987). Toward a psychological structure of human values. J. Pers. Soc. Psychol. 53:550–62

Schwartz SH. (1996). Value priorities and behavior: applying a theory of integrated value systems. In: C. Seligman, JM Olson & MP Zanna (eds). pp 1-24, The Ontario Symposium: The Psychology of Values. Mahwah, NJ: Lawrence Erlbaum .

Schwarz, S. H. (1992). Universals in the content and structure of values: Theoretical advances and empirical tests in 20 countries. In M.Zanna (Ed.), Advances in Experiemental Social Psychology (pp. 1-65). New York: Academic Press.

Schweitzer, Friedrich: Moralerziehung in der Pluralität: Schule, Staat und Gesellschaft zwischen Toleranz und Sittlichkeit. In: Neue Sammlung H.2/1995, S. 111-127

Schulze, Gerhard: Die Erlebnisgesellschaft. Frankfurt 1992

Schwilk, Helmo: Die gottlose Republik. In: Welt am Sonntag Nr. 15/11.4.04

Seligman, Martin E.P.: Der Glücks-Faktor – Warum Optimisten länger Leben. 2002

Seligman, Martin E.P.: Pessimisten küßt man nicht – Optimismus kann man lernen. 1993

Senghaas, Dieter: Außerhalb Europas, aber nicht anders als einst in Europa. In: Frankfurter Rundschau Nr. 172/2003/26.7.2003, S. 7

Stein, Margit: Wie können wir Kindern Werte vermitteln? München 2008

Strobel-Eisele, Gabriele: Was heißt „Soziales Lernen“ und wie kann es durch Unterricht gefördert werden? In: Lehren und Lernen, H. 10/2002, S. 3-11

Struck, Peter: Die 15 Gebote des Lernens. 2. Aufl. Darmstadt 2997

Sutor, Bernhard: Kleine politische Ethik. Opladen 1997

Tönnies, Ferdinand: Gemeinschaft und Gesellschaft. 3. Aufl. Darmstadt 1991 (Zuerst 1887)

Uhl, Siegfried: Die Mittel der Moralerziehung und ihre Wirksamkeit. Bad Heilbrunn 1996

Van Deth, Jan W.: Wertewandel im internationalen Vergleich. Ein deutscher Sonderweg? In: Aus Politik und Zeitgeschichte, B 29/2001, S. 23-30

Wehler, Hans Ulrich: Deutsches Bürgertum nach 1945: Exitus oder Phönix aus der Asche? In: Geschichte und Gesellschaft, H. 4/2001, S.617-634

Wigger, Lothar: Die praktische Irrelevanz pädagogischer Ethik. Eine Reflexion über Grenzen, Defizite und Paradoxien pädagogischer Ethik und Moral. In: Zeitschrift für Pädagogik H. 3/1990, S. 309-330

Wilhelm, Theodor: Modelle der deutschen Gemeinschaftserziehung. In: Zeitschrift für Pädagogik H. 3/1958, S 205 ff.

Wilhelm, Theodor: Sozialisation und soziale Erziehung. Pädagogische Überlegungen zu einer soziologischen Leitvorstellung. In: Wurzbacher, Gerhard (Hrsg.): Der Mensch als soziales und personales Wesen. Stuttgart 1963, S.120-163

Winterhoff, Michael: Tyrannen müssen nicht sein. Warum Erziehung allein nicht reicht – Auswege. München 2009

Ziehe, Thomas: Schule und Jugend – ein Differenzverhältnis. Überlegungen zu einigen blinden Stellen in der gegenwärtigen Reformdiskussion. In: Neue Sammlung, H. 4/1999, S. 619-629